LUBAN WENHUA
QUANMEITI CHUANBO

鲁班

侯延香　韩云忠 ◎ 著

文化全媒体传播

知识产权出版社
全国百佳图书出版单位
——北京——

图书在版编目（CIP）数据

鲁班文化全媒体传播 / 侯延香，韩云忠著. —北京：知识产权出版社，2023.12
ISBN 978-7-5130-9092-6

Ⅰ.①鲁…　Ⅱ.①侯…　②韩…　Ⅲ.①公输般（约前507-前444年）—人物
研究　Ⅳ.①K826.16=26

中国国家版本馆CIP数据核字（2023）第253273号

内容提要

本书对鲁班文化全媒体传播理论与实践开展研究，重点探讨了鲁班文化全媒体传播的基础理论、传播现状、挑战与机遇、文化资源载体、技术路径、传播渠道、保障机制等内容。本书的特色在于将鲁班文化传播与新一代信息技术应用紧密结合，构建了鲁班文化全媒体传播的技术路径和传播渠道，对于促进鲁班文化创造性转化、创新性发展具有重要意义。

本书适合新闻与传播学专业学生、传统文化研究学者、鲁班文化研究爱好者阅读参考。

责任编辑：卢媛媛　　　　　　　　责任印制：孙婷婷

鲁班文化全媒体传播
LUBAN WENHUA QUANMEITI CHUANBO

侯延香　韩云忠　著

出版发行：知识产权出版社 有限责任公司	网　址：http://www.ipph.cn
电　话：010-82004826	http://www.laichushu.com
社　址：北京市海淀区气象路50号院	邮　编：100081
责编电话：010-82000860转8597	责编邮箱：luyuanyuan@cnipr.com
发行电话：010-82000860转8101/8102	发行传真：010-82000893
印　刷：北京中献拓方科技发展有限公司	经　销：新华书店、各大网上书店及相关专业书店
开　本：720mm×1000mm　1/16	印　张：14.5
版　次：2023年12月第1版	印　次：2023年12月第1次印刷
字　数：177千字	定　价：76.00元

ISBN 978-7-5130-9092-6

在党的十九大报告中，习近平总书记指出：要"坚定文化自信"；"弘扬劳模精神和工匠精神"；"加强文物保护利用和文化遗产保护传承"；"推动中华优秀传统文化创造性转化、创新性发展"。中共中央办公厅、国务院办公厅印发的《"十四五"文化发展规划》明确指出，要"建设全媒体传播体系"，"深入实施中华优秀传统文化传承发展工程，加强中华文明探源和考古研究成果、中华文化典籍等全媒体传播，提升博物馆、纪念馆和文物保护单位展陈教育水平"。

鲁班作为中国古代工匠的集大成者，享有"机械之圣""百工圣祖""巧胜先师"等美誉，是中华民族古代劳动人民的智慧、才干和美德的化身。鲁班文化是中华优秀传统文化的重要组成部分，它影响着我国建筑、机械等行业从业者的价值观念和行为方式。运用媒体融合的思维和技术，推动鲁班文化的全媒体传播，不仅具有弘扬鲁班工匠精神的现实意义，也有完善传统文化全媒体传播的学术价值。

本书以鲁班文化传播为研究对象，以文化数字化、全媒体传播、工匠精神、文化遗产保护等理论为指导，综合运用问卷调查法、实地调研法、案例分析法等方法，对鲁班文化及工匠精神的传播现状、鲁班文化资源、鲁班文化全媒体传播技术路径及传播渠道、保障机制等问题开展研究，以构建鲁班文化的全媒体传播体系，推动新时代鲁班文化的创造性转化和创新性发展。

本书共分为9章。第1章是绪论，论述了研究背景、研究现状、研究内容、研究方法等。第2章是鲁班文化全媒体传播的理论分析，主要梳理了鲁班文化及全媒体传播理论。第3章分析了鲁班文化及其工匠精神传播现状。第4章分析了鲁班文化全媒体传播面临的挑战与机遇。第5章对承载鲁班工匠精神的当代鲁班文化资源进行发掘。第6章设计了鲁班文化全媒体传播的技术路径。第7章在分析鲁班文化传播渠道构建原则的基础上，从线上、线下两个维度构建了鲁班文化全媒体传播渠道。第8章提出了鲁班文化全媒体传播的保障机制。第9章为结论和展望。

本书的主要贡献在于：（1）从新兴信息技术应用角度构建鲁班文化传播的路径。在实地调研的基础上，对文献、纪念场馆、工艺器具、民间文学、民俗活动等类别的鲁班工匠精神传播载体及其传播状况进行分析，设计了鲁班文化全媒体传播的技术路径。（2）从线上线下融合角度构建鲁班文化传播适用的传播渠道。结合鲁班文化资源以非文献类资源为主的现状，设计了鲁班文化线上、线下传播渠道，以提升鲁班文化的传播效率和效果。

本书的写作得到了鲁班文化研究院的支持，在此表示衷心的感谢！在本书写作过程中，参考和借鉴了大量的书刊和网站资料，借此机会，向这些参考文献的作者表示诚挚的谢意。由于篇幅所限，我们未能一一列出所有参考文献，还有部分文献、图片来自于网络，无法列出作者的姓名，在此，我们对未能列出的参考文献作者表示深深的歉意和诚挚的感谢！感谢知识产权出版社于晓菲编辑的辛苦劳动！

由于传统文化全媒体传播是一个快速发展、新技术应用不断推陈出新的领域，加之著者的学识、水平和能力有限，缺点、疏漏在所难免，恳请各位专家、学者和广大读者批评指正，谢谢！

鲁班作为中国古代工匠的集大成者，享有「机械之圣」「百工圣祖」「巧胜先师」等美誉。

第 1 章

绪 论

1.1 研究背景

1.1.1 传播鲁班工匠精神至关重要

2016 年《政府工作报告》中首次提出，要"培育精益求精的工匠精神"，工匠精神遂成为 2016 年"十大流行语"之一，国内也迅速掀起了工匠精神研究热潮。2017 年《政府工作报告》再次强调，要大力弘扬工匠精神，厚植工匠文化，恪尽职业操守，崇尚精益求精，完善激励机制，培育众多"中国工匠"，打造更多享誉世界的"中国品牌"，推动中国经济发展进入质量时代。❶我国正处在从"世界工厂"向"智造强国"迈进的关键时期，培育和弘扬精益求精、探索创新的工匠精神，对于建设制造强国具有重要意义。2022 年 4 月 27 日，习近平总书记在致首届大国工匠创新交流大会的贺信中强调："我国工人阶级和广大劳动群众要大力弘扬劳模精神、劳动精神、工匠精神，适应当今世界科技革命和产业变革的需要，勤学苦练、深入钻研，勇于创新、敢为人先，不断提高技术技能水平，为推动高质量发展、实施制造强国战略、全面建设社会主义现代化国家贡献智慧和力量。" ❷

鲁班作为中国古代工匠的集大成者，享有"机械之圣""百工圣祖""巧胜先师"等美誉，他一生勤于钻研、善于创新、精益求精，集匠心、师

---

❶ 王利中，魏顺庆. 大力弘扬工匠精神［EB/OL］.（2017-08-07）［2023-10-21］. http://theory.people.com.cn/n1/2017/0807/c40531-29452734.html.

❷ 习近平. 习近平致首届大国工匠创新交流大会的贺信［J］. 天津市工会管理干部学院学报，2022，39（02）：1.

道、圣德于一身，是中华民族古代劳动人民智慧、才干和美德的化身，是中华民族"工匠精神"的代表人物，是中华民族工匠精神的历史记忆。鲁班文化作为中华优秀传统文化的重要组成部分，影响着我国建筑、机械等行业从业者的价值观念和行为方式，弘扬鲁班文化、传承鲁班工匠精神，对于培育大国工匠、推动智造强国建设具有重要意义。

2020 年 7 月 3 日，住房和城乡建设部等十三部门联合印发的《关于推动智能建造与建筑工业化协同发展的指导意见》指出，要以大力发展建筑工业化为载体，以数字化、智能化升级为动力，创新突破相关核心技术，加大智能建造在工程建设各环节应用，形成涵盖科研、设计、生产加工、施工装配、运营等全产业链融合一体的智能建造产业体系，提升工程质量安全、效益和品质，有效拉动内需，培育国民经济新的增长点。❶2023 年 1 月，工业和信息化部等十七部门印发了《"机器人+"应用行动实施方案》（工信部联通装〔2022〕187 号），要求坚持应用牵引、典型引领、基础支撑，发挥部门、地方、行业等多方作用，以产品创新和场景推广为着力点，分类施策拓展机器人应用深度和广度，培育机器人发展和应用生态，增强自主品牌机器人市场竞争力，推进我国机器人产业自立自强，为加快建设制造强国、数字中国，推进中国式现代化提供有力支撑。❷因此，培育传承鲁班工匠精神的高素质的技能人才、能工巧匠、大国工匠，是推动新旧动能转换和可持续发展的关键。

---

❶ 中国政府网. 住房和城乡建设部等部门关于推动智能建造与建筑工业化协同发展的指导意见［EB/OL］.（2020−07−28）［2023−10−21］. https://www.gov.cn/zhengce/zhengceku/2020−07/28/content_5530762.htm.

❷ 中国政府网. 工业和信息化部等十七部门关于印发"机器人+"应用行动实施方案的通知［EB/OL］.（2023−01−19）［2023−10−21］. http://www.gov.cn/zhengce/zhengceku/2023−01/19/content_5738112.htm.

1.1.2 传统文化数字化势在必行

2017年4月，文化部先后发布《关于推动数字文化产业创新发展的指导意见》《文化部"十三五"时期文化产业发展规划》等文件，倡导文化产业深度应用先进信息技术，提升文化科技自主创新能力和技术研发水平，创作生产优质、多样、个性的数字文化产品。2018年1月，百度"AI文化遗产复原计划"启动，标志着人工智能、云计算等新一代信息技术将深刻变革中华传统文化的传播方式。目前，相关技术已经应用在故宫、秦始皇陵博物院等国内知名文化场馆，百度艺人、非遗百科等专题项目有效助力了中华非遗文化传承。2022年6月，中共中央办公厅、国务院办公厅印发《关于推进实施国家文化数字化战略的意见》明确提出，到"十四五"时期末，基本建成文化数字化基础设施和服务平台，形成线上线下融合互动、立体覆盖的文化服务供给体系；到2035年，建成物理分布、逻辑关联、快速链接、高效搜索、全面共享、重点集成的国家文化大数据体系，中华文化全景呈现，中华文化数字化成果全民共享。❶

在相关政策的推动下，传统文化数字化实践和研究成果逐年增多，基于新一代信息技术创新的数字文化产品层出不穷，并出现了数字敦煌、云上故宫、非遗一张图等典型案例，出现了"敦煌小冰""贤二小法师""3D超写实数字人苏东坡"多种智能化的传统文化传播新媒体，快

---

❶ 中国政府网. 中共中央办公厅、国务院办公厅印发《关于推进实施国家文化数字化战略的意见》[EB/OL].（2022-06-06）[2023-10-11]. https://dsj.guizhou.gov.cn/zwgk/xxgkml/zcwj/zcfg/202206/t20220606_74621449.html.

速地提升了中华优秀传统文化的传播力和影响力。然而，有关鲁班文化的数字化产品供给还不多，人工智能、云计算、虚拟现实等技术与鲁班文化融合的实践还较少，亟待利用新一代信息技术，扩大鲁班文化传播的时空范围。

1.1.3 全媒体传播任务紧迫

媒体融合发展，一直是我国新闻舆论工作领域深化改革的重点任务，是全面深化改革的重要组成部分。2014 年 8 月，中央全面深化改革领导小组第四次会议审议通过了《关于推动传统媒体与新兴媒体融合发展的指导意见》。2019 年以来，构建全媒体传播格局受到前所未有的重视。2019 年 1 月，习近平总书记在参加十九届中央政治局第十二次集体学习时指出，推动媒体融合发展、建设全媒体已成为我们面临的一项紧迫课题。[1]2019 年 3 月，《求是》杂志发表习近平的重要文章《加快推动媒体融合发展 构建全媒体传播格局》，指出要深刻认识全媒体时代的挑战和机遇，加快构建融为一体、合而为一的全媒体传播格局。[2]2020 年 9 月，中共中央办公厅、国务院办公厅印发了《关于加快推进媒体深度融合发展的意见》，并发出通知，要求各地各部门结合实际认真贯彻落实，建立以内容建设为根本、先进技术为支撑、创新管理为保障的全媒体传播体系。[3]2021 年 3 月，《中华人民共和国国民经济和社会发展第十四

❶ 习近平. 加快推动媒体融合发展 构建全媒体传播格局 [J]. 奋斗, 2019（06）：1-5.
❷ 习近平. 加快推动媒体融合发展 构建全媒体传播格局 [J]. 求是, 2019（06）：3-8.
❸ 中国政府网. 中共中央办公厅、国务院办公厅印发《关于加快推进媒体深度融合发展的意见》
[EB/OL].（2020-09-26）[2023-10-21]. http://www.gov.cn/zhengce/2020-09-26/content_5547310.htm.

个五年规划和 2035 年远景目标纲要》明确提出，要"弘扬科学精神和工匠精神"，"推进媒体深度融合，做强新型主流媒体"；要"创新推进国际传播，利用网上网下，讲好中国故事，传播好中国声音，促进民心相通。"❶

因此，在培育大国工匠、传统文化数字化、构建全媒体传播体系的背景下，开展鲁班文化全媒体传播研究实践，不仅有利于弘扬传承鲁班工匠精神，提升工程技术人员的职业素养，也有利于传承中华优秀传统文化，促进鲁班文化数字化和国际化传播。

1.2 研究意义

鲁班作为"百工圣祖"，勤于钻研、善于创新、精益求精，是中华民族"工匠精神"的代表人物。弘扬鲁班文化、传承鲁班工匠精神，既是中华优秀传统文化传承的重要任务，又是推进新旧动能转换的文化力量。2018 年 2 月，《山东省新旧动能转换重大工程实施规划》提出，要推进优秀传统文化创造性转化、创新性发展。要实施"互联网 + 齐鲁优秀传统文化"行动计划，延伸旅游演艺、修学度假、建筑博览、工业遗产等文化产业链条；加快推进齐文化传承创新示范区建设，传承墨子文化创新精神、鲁班文化工匠精神。❷

然而，由于鲁班文化研究起步较晚，成果主要集中在鲁班精神、鲁

---

❷ 中华人民共和国国民经济和社会发展第十四个五年规划和 2035 年远景目标纲要 [N].
人民日报，2021-03-13（001）.

❸ 山东省人民政府关于印发山东省新旧动能转换重大工程实施规划的通知 [J]. 山东省人民政府公报，2018（06）：11-60.

班器具与遗迹、鲁班传说、鲁班与企业文化建设、鲁班与工匠精神等方面，有关鲁班数字化、互联网＋鲁班文化、鲁班文化全媒体传播方面的研究成果较少。同时，与其他传统文化相比，鲁班文化资源的数字化实践也不多，主要体现在鲁班网站建设方面，且以文字、图片为主，表现形式较为单一，运用的技术手段也较为单一，缺乏对新媒体、新一代信息技术的应用。

因此，立足于山东省丰富的鲁班文化资源，结合培育工匠精神的时代需求，探讨如何运用互联网＋思维，将人工智能、虚拟现实等新一代信息技术应用于鲁班文化全媒体传播中，对推动鲁班文化的创新性发展和创造性转化具有重要意义。

1.2.1 培育建筑业等行业工匠精神的需要

鲁班作为古代工匠的典范，深刻影响着我国诸多行业的工匠精神培育。建筑业作为最能体现"工匠精神"的行业，虽然为国民经济做出了巨大贡献，但也存在工程质量不达标等行业粗放型发展模式的"后遗症"，严重损害了建筑行业的形象。"对产品精雕细琢、追求完美和极致"的工匠精神理念对建筑业提高工程品质，促进行业健康发展至关重要。建筑行业文化建设是一个长远的系统工程，要在全行业宣传鲁班文化，提升建筑行业素质，为鲁班文化赋予更多的内涵，树立创新发展理念，主动进行建筑业供给侧结构性改革，传承鲁班工匠精神，促进建筑行业加快转型升级，推动智能建造时代建筑行业高质量发展。

1.2.2 推进鲁班文化创新性发展的需要

《山东省新旧动能转换重大工程实施规划》（鲁政发〔2018〕7号）

明确提出，要实施"互联网＋齐鲁优秀传统文化"行动计划，推动传统文化传承创新发展；要传承鲁班文化工匠精神。山东曲阜、滕州拥有大量的鲁班文化资源，部分鲁班文化资源面临失传，亟须融合云计算、大数据、3D 打印、人工智能等先进技术，拓宽其传播的时空范围，为山东省新旧动能转换提供文化动力。

1.2.3 完善传统文化全媒体理论发展的需要

由于涉及信息技术、传统文化、信息传播等多个交叉领域，有关传统文化全媒体传播的相关理论研究还较为零散，因此，将重点探究人工智能、大数据等先进技术在传统文化传播中的典型应用，从传播内容、技术路径、传播渠道等方面，完善传统文化的全媒体传播理论。

1.3 研究现状

为了了解鲁班文化的研究概况，对中国知网、超星发现、百链、谷歌学术等网络资源库进行了初步文献检索。检索发现，有关鲁班文化的外文研究成果寥寥无几，因此，仅对中文研究成果进行分析。

考虑到图书也是鲁班文化传播和研究的重要载体，因此，本研究主要从中国知网获取题录数据，并以超星发现数据库的相关图书记录为补充，作为研究文献分析的基础数据。文献检索类型包括：图书、期刊论文、学位论文、会议论文等，检索时间范围为 1980—2022 年，检索式为"SU=鲁班文化 or KY= 鲁班文化 or TI= 鲁班文化""KY ＝鲁班精神""KY ＝鲁班 and 工匠""TI= 鲁班"。对检索获得的文献题录按查新格式导出后，按照相关性原则进行人工筛选，剔除重复文献、年鉴、软件应用等信息后，共获得分析题录 1896 条。在此基础上,运用文献计量方法、中国知网的可视化分析及在线词云制作工具,从时间、作者、学科、机构、主题、关键词等方面,揭示我国鲁班文化研究进展情况,探寻鲁班文化研究热点及发展趋势,为鲁班文化研究及政府决策提供参考。

对鲁班文化研究发展动态,主要从年代、学科机构、作者等方面进行分析。为研究方便,以图书出版的辑刊论文按图书进行计量分析。

1.3.1 时间分布

相关研究文献分布于 1983—2022 年(图 1.1)。1983 年,李自强在《成人教育》发表了"争做当代鲁班"的论文❶,拉开了近年来鲁班文化研究的序幕。2000 年以前,有关鲁班文化的研究文献时有出现,但数量较少,且分布较为零散,为鲁班文化研究的起步阶段。2000—2007 年间,鲁班研究文献的数量基本呈波动上涨趋势,为鲁班文化研究的快速发展阶段。2007 年,鲁班研究文章达 143 篇。此后,鲁班研究有

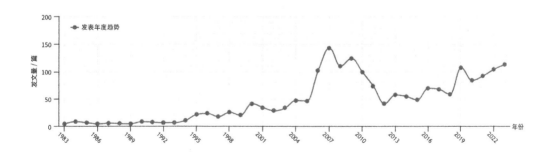

图 1.1 鲁班文化研究文献发表年度趋势

---

❶ 习近平. 加快推动媒体融合发展 构建全媒体传播格局 [J]. 奋斗,2019(06):1-5.

所回落。但是，随着 2016 年"工匠精神"被写入政府工作报告中，有关工匠祖师鲁班及工匠精神的研究文献数量开始增加，有关鲁班研究文献的内容也逐渐由鲁班文化的内涵、价值等，转向鲁班工匠精神传承、建筑类职业人才培养、鲁班工坊等方面。❶❷

1.3.2 学科分布

有关鲁班文化研究的文献学科分布较为分散（图 1.2），有 40 余个学科，呈现出"百家争鸣"的态势。相关研究主要分布于建筑科学与工程、

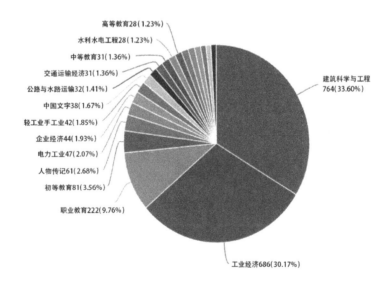

图 1.2 鲁班研究文献学科分布图

---

❶ 孙中原. 鲁班文化研究的意义——从《四库全书》看[J].武汉科技大学学报（社会科学版），2011，13（01）：89-93.

❷ 薛德祥. 立足"鲁班文化"的高职生"工匠精神"培育与实践[J]. 中国职业技术教育，2016（35）：93-95.

工业经济、职业教育、初等教育、人物传记、电力工业、企业经济、轻工业与手工业、中国文学等学科，其中，建筑科学与工程学科研究比例最高，占 33.60%。这说明鲁班文化与建筑业息息相关，其工匠精神深刻影响了建筑业的发展。其次是工业经济学科，占比达 30.17%，充分表明鲁班的工匠精神对我国工业发展也具有重要影响。第 3 位和第 4 位分别是职业教育和初等教育，占比分别达 9.76% 和 3.56%，说明教育领域也十分注重鲁班人物传记及传说的研究和传播。

1.3.3 机构分布

开展鲁班文化研究的机构约达百家，主要以建筑类院校、综合性高校为主。其中，天津职业技术师范大学、天津渤海职业技术学院、湖南城建职业技术学院、山东建筑大学、天津市教育科学研究院发表成果数量分列前 5 位（图 1.3），这与建筑类院校开展鲁班文化教育有密切关系。尤其是天津市，自 2016 年 3 月由天津渤海职业技术学院在泰国大城技术学院海外首个"鲁班工坊"建立以来，已在亚、非、欧三大洲 19 个国家建成 20 个"鲁班工坊"，开创了职业教育的"中国模式"，在海外建立起传承鲁班精神，从中等职业教育到高等职业教育再到应用本科、专业硕士，从技术技能培养到技术综合应用，从学历教育到社会培训全覆盖的职业教育输出体系。❶除高校外，中国建筑业协会、山东省枣庄市委也是鲁班文化研究或推广的主要力量，中国建筑业协会主要通过鲁

---

❶ 景泉. 服务"一带一路"，职业教育的新作为——"鲁班工坊"［J］. 天津职业院校联合学报，2018，20（01）：3-8.

班奖评选及创优经验推广，倡导建筑企业开展鲁班文化建设，争创鲁班奖工程。❶山东省枣庄市委主要通过组织鲁班文化节及鲁班学术研讨会推动鲁班文化传播。❷

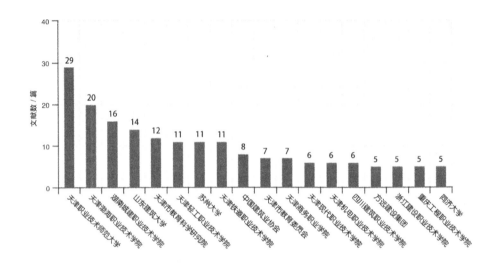

图 1.3 研究机构分布（1983—2022 年）

1.3.4 作者分布

开展鲁班研究的作者相对分散（图 1.4），主要包括：鲁班技艺专利申请者、鲁班文化研究者、鲁班文化活动宣传者等。成果较多的作者主要有：龚永明、吕景全、江牧、吴涛、田璐、李卉、任永辉、李世武、李浩、王胜永、王斌等。其中，龚永明为国家高级玩具设计师，中国传

---

❶ 中国建筑业协会. 创建鲁班奖工程细部做法指导［M］. 北京：中国建筑工业出版社，2018.

❷ 张建华. 走进枣庄学工匠精神［M］. 济南：山东人民出版社，2018.

统智力玩具博物馆筹备主要参与者，魔方吧拼板版主，民间拼板、鲁班锁和网络游戏设计师，申请鲁班锁相关专利 138 项，于 2017 年在上海浦东建立了第一家家坊鲁班锁文化博物馆，2017 年 3 月在深圳考察后决定在深圳建更大规模的民族文化博物馆，成为深圳科思公司创始人之一。❶ 吕景全为鲁班工坊创立的主要参与者和建设者、天津职业技术师范大学副校长，专注于探讨工匠精神与鲁班工坊建设，出版了《鲁班工坊研究：溯源·要义·标准·策略》。吴涛为中国建筑业协会副会长兼秘书长，强调建筑企业要培育工匠精神，传承鲁班文化。❷ 江牧主要研究《鲁班经》。

图 1.4 研究文献作者分布

❶ 龚永明. 让鲁班锁传统手艺悠悠传承 [EB/OL]. （2020-10-09）［2023-10-23］. https://baijiahao.baidu.com/s?id=1680062446903362200&wfr=spider&for=pc.

❷ 吴涛. 寻找工匠精神 传承鲁班文化 [J]. 建筑，2016（13）：8-9.

田璐、李卉为《滕州日报》记者，成果以报道鲁班文化研究及鲁班文化研讨会的情况为主。任永辉为湖南城建职业技术学院教师，主要推介基于鲁班精神的建设类高职院校校园文化建设经验。❶李浩为大学生村官，重点关注鲁班锁产品及鲁班文化相关的旅游项目研发，申请了2项鲁班锁专利，发表硕士学位论文及报纸文章各1篇，强调要加强对鲁班文化的传承和创造性转化。❷李世武对建房巫术、鲁班信仰、鲁班传说等进行深入研究❸，研究成果较为精深。王胜永为山东建筑大学教师，关注鲁班文化思想在景观设计中的应用。❹王斌为济南城市职业建设学院学生处处长，关注传承鲁班精神的建筑类技能型人才培养。❺

1.3.5 来源分布

从文献来源来看，鲁班文化研究成果涉及期刊论文、图书、学位论文、报纸文章、会议论文、专利等多种类型（图1.5）。在分析的文献记录中，期刊论文占比最高，达80%。发表相关文献的期刊主要有：《建筑》《中国职业技术教育》《走向世界》《中国建设教育》《平顶山学院学报》《现代企业文化》《现代园艺》等。其次是图书，占比为8%，

---

❶ 任永辉. 用鲁班精神引领建设类高职院精神文化建设的实践 [J]. 现代职业教育，2016（21）：5.

❷ 李浩. 非物质文化遗产旅游产品开发的电子商务模式研究 [D]. 青岛：青岛大学，2016.

❸ 李世武. 从鲁班和姜太公神格的形成看传说和仪式的关系——以民间工匠建房巫术为中心 [J]. 民族文学研究，2011（02）：136–144.

❹ 王胜永，彭潘. 鲁班文化对生态设计的启迪 [J]. 现代园艺，2016（06）：115–116.

❺ 王斌，刘欣. 鲁班文化育人的研究与实践——以山东城市建设职业学院为例 [J]. 中国市场，2016（25）：95–97.

2015 年、2017 年山东建筑大学鲁班文化研究院分别组稿出版了《鲁班文化研究论丛》第 1、2 辑❶，沈利民出版了《鲁班文化》❷、汤宗礼出版了《建筑人文教育实证研究》❸、吕景泉出版了《鲁班工坊》❹，集成了近年来鲁班工坊方面的主要研究成果。再次是报纸，占比为5%，主要发表在《建筑时报》❺《中国建设报》❻上，主要倡导建筑企业传承鲁班文化，培育工匠精神。此外，近年来随着鲁班文化研究的深入，相关学位论文也逐渐增多，占比达 4%，主要涉及鲁班传说❼、

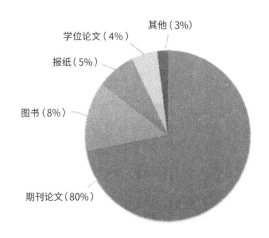

图 1.5 研究文献类型分布

---

❶ 王崇杰. 鲁班文化研究论丛（第二辑）［M］. 济南：山东人民出版社，2017.

❷ 沈利民. 鲁班文化：浙江建设职业技术学院校园文化品牌画册［M］. 北京：中国文联出版社，2016：72.

❸ 汤宗礼. 建筑人文教育实证研究［M］. 上海：上海交通大学出版社，2015.

❹ 吕景泉. 鲁班工坊［M］. 北京：中国铁道出版社，2018.

❺ 吴涛. 弘扬工圣文化造就"大国工匠"［N］. 建筑时报，2015-06-22（003）.

❻ 李里丁. 传承鲁班文化提升行业素质［N］. 中国建设报，2016-06-13（005）.

❼ 田华. 鲁班传说研究［D］. 湘潭：湘潭大学，2003.

鲁班信仰❶、鲁班文化产业❷❸等主题。另外，还有鲁班锁方面的专利文献。鲁班文化研究文献的多样性及专利文献的出现，表明鲁班文化研究正在探索新时代鲁班文化的创造性转化和创新性发展路径。

1.3.6 知识网络分析

知识图谱通过可视化的分析技术，以形象的知识图谱展示相关知识的核心结构、发展脉络，能为掌握学术研究全局和重要趋势提供有价值的参考。对获得的题录进行知识网络分析，得到如图 1.6、图 1.7 所示的知识网络图谱。由图 1.6 可以看出，相关研究成果形成的知识网络相对

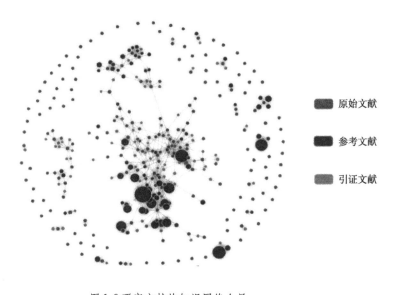

图 1.6 研究文献的知识网络全局

❶ 覃妩周 . 鲁班信仰研究［D］. 武汉：中南民族大学，2010.
❷ 迟亦然 . 鲁班文化创意产业园室内外景观规划设计［D］. 济南：齐鲁工业大学，2015.
❸ 郑悦 . 鲁班文化主题体验馆的设计与研究［D］. 济南：山东建筑大学，2017.

简单，重要知识节点不多，且较为分散，说明相关研究正处于快速发展之中，研究主题尚有待于进一步向专深方向发展。图 1.7 为知识网络中引证关系较为密切的节点，大部分节点与工匠精神密切相关，引用率较高的文献主题为：工匠精神历史传承、工匠精神价值、工匠精神与职业教育、鲁班文化民俗、民间鲁班信仰、鲁班文化体验、鲁班工坊等。

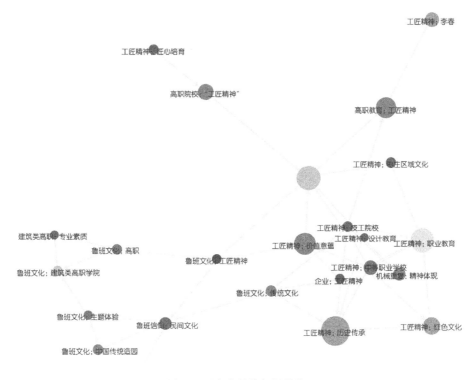

图 1.7　研究文献的知识网络

对出现频次超过 3 次的关键词进行聚类分析，得到如图 1.8 所示的知识网络。由图 1.8 可以看出，"鲁班"与"工匠"成为重要节点，共出现次数达 29 次，充分体现了鲁班在我国各行各业的工匠祖师地位。"鲁班"与"墨子"共出现 11 次，"墨子"与"工匠"共出现 9 次，表明鲁班与墨子同为我国春秋时期的著名工匠，对我国古代工匠文化的形成做出了卓越贡献。另外，"鲁班"与"职业教育"共出现6次，"国家优质工程"与"鲁班奖"共出现6次，"鲁班奖"与"建筑业企业"共出现5次，说明鲁班对我国建筑类职业教育、建筑业优秀工程项目、建筑企业文化建设均产生了深远的影响。

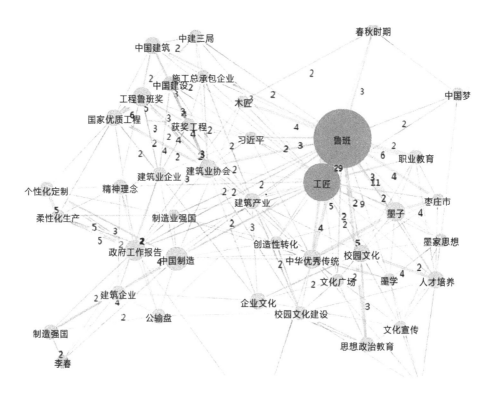

图 1.8 研究文献的知识网络局部图

图1.9展示了鲁班文化研究关键词的年度交叉分布情况，可以看出，自2019年以来，对鲁班工坊、鲁班奖、工匠精神方面的研究成果增多，主要涉及鲁班工坊与职业教育、鲁班工匠精神、鲁班锁、鲁班奖与BIM（建筑信息模型）等关键词。可见，鲁班文化与工匠精神有密切的联系，鲁班文化作为中华优秀传统文化的重要分支，对职业院校校园文化建设和建设类院校人才培养具有重要意义。鲁班奖作为当前我国建筑业工程

质量的最高奖项，创新性应用了 BIM 等新一代信息技术，充分反映出创新是高质量工程项目的灵魂，充分体现了新时代大国工匠对鲁班工匠精神的传承。

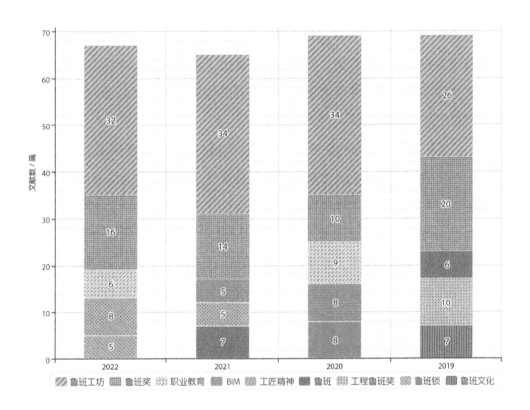

图 1.9 鲁班文化研究关键词年度交叉分析

总之，鲁班文化研究的文献类型多样，学科分布广泛，研究机构众多，研究主题涉及鲁班与墨子、工匠文化与工匠精神、鲁班遗迹与鲁班文化体验、《鲁班经》等经典文献、鲁班工坊与职业教育、鲁班与建筑企业文化建设、鲁班信仰与民俗、鲁班卯榫结构与生态设计等多个方面。随着国家对工匠精神培养的重视，鲁班文化研究逐渐由鲁班里籍、鲁班文化的内涵及价值等基础研究，转向鲁班文化创造性转化、创新性发展的纵深方向。在此过程中，山东建筑大学鲁班文化研究院、湖南城建职业学院、浙江建设职业技术学院等建筑类院所，成为鲁班文化研究和传播的主要机构，在建筑类人才工匠精神培养研究与实践方面走在了前列。中国建筑业协会、天津市教育委员会、山东省枣庄市委等机构，通过设立鲁班奖、鲁班工坊、鲁班文化节等实践活动，推动鲁班文化传播与推广，为鲁班文化的创造性转化、创新性发展做出了重要贡献。随着国家对传统文化传承的重视，鲁班文化研究将呈现更加繁荣的发展趋势，并将重点向以下几个方向发展：

（1）基于互联网的鲁班文化全媒体传播与创新性发展研究。

互联网＋传统文化将推动互联网与传统文化的深度融合，从而创造新的文化产业发展机遇和传统文化全媒体传播的新生态。在鲁班文化全媒体传播与创新性发展过程中，可以充分运用3D打印、虚拟现实、大数据、人工智能等技术，变革传统的鲁班文化传播方式，搭建完善的鲁班文化传播和创新创业教育网络平台，促进鲁班文化资源的数字化、虚拟化、智能化、国际化传播。

（2）创新创业教育与工匠精神培育融合研究。

精益求精、不断创新的精神，既是鲁班文化的精髓，也是我国实施《中国制造2025》，进行新旧动能转换，向制造强国迈进的文化保障。鲁班作为"百工圣祖"，是中华工匠精神的典型代表人物。如何传承鲁班的工匠精神，培育创新创业人才，是大众创新万众创业时代的重要命题。鲁班工匠精神如何与高校创新创业教育融合、与建筑类高校职业素养教育融合、与普通高校思想政治教育融合，将成为未来研究的热点。

（3）鲁班工坊与技能型职业人才工匠精神培育研究。

尽管我国部分建筑类院校设有鲁班工坊，以传播鲁班工匠精神，培养技能型建筑类职业人才（如山东建筑大学、上海中侨职业学院等），但最为知名的鲁班工坊，是由天津市职业院校打造的创新型职业教育国际化服务项目。❶该项目以鲁班的"大国工匠"形象为依托，聚焦先进制造业、现代服务业等领域，以 EPIP 工程实践创新项目教学模式为主线❷，重点面向东盟区域、中巴和中蒙俄经济走廊、非洲和欧洲国家，培养当地熟悉中国技术、产品、标准的技术技能人才，旨在提升合作国学生的专业技术技能、职业素质、综合实践能力和创新能力❸。因此，鲁班工坊是鲁班文化传播，尤其是工匠精神国际化传播的重要载体。在"一带一路"合作倡议深入实施的背景下，如何利用鲁班工坊，传承鲁班文化，培养富含工匠精神的高素质技术型人才，加强鲁班文化海外传播，将是未来鲁班文化研究的重要议题。

（4）鲁班文化与建筑业高质量发展研究。

推进建筑产业现代化是推动建筑业高质量发展的重要手段。鲁班文化及工匠精神，是建筑行业高质量发展的文化动力，其生态设计及仿生学思想，可引领建筑等行业实现绿色、低碳、可持续发展。随着建筑业的转型升级，智能建筑和装配式建筑将得到广泛推广，BIM、物联网、大数据、云计算、智能机器人等技术将在建筑生命周期中集成应用，亟须掌握新一代信息技术、具备鲁班工匠精神的创新型高科技人才。因此，如何利用鲁班文化推动建筑业高质量发展也将成为未来的研究热点。

---

❶　芮福宏，于兰平.鲁班工坊［M］.北京：中国铁道出版社，2017：177.

❷　李名梁，贺珍珍."鲁班工坊"研究：内涵与发展路径［J］.中国职业技术教育，2019（12）：30−34.

❸　天津市教委.天津政务网《关于推进我市职业院校在海外设立"鲁班工坊"试点方案》政策解读［EB/OL］.（2018−08−30）［2019−05−06］.http://www.tj.gov.cn/zw/zcjd/201808/t20180830_3630691.html.

1.4 研究内容

本研究以鲁班文化全媒体传播为研究对象，以"互联网+"、文化数字化、全媒体传播、工匠精神、文化遗产保护等理论为指导，综合运用文献分析法、实地调研法、案例分析法等方法，遵循"现状调研——理论研究——对策研究"的思路（图1.10），对鲁班文化全媒体传播理论、鲁班文化及工匠精神传播现状、鲁班文化传播的挑战与机遇、鲁班文化资源及全媒体传播的技术路径、鲁班文化全媒体传播渠道、鲁班文化全媒体传播保障机制等问题开展研究。主要研究以下内容：

（1）鲁班文化及工匠精神传播现状调研。

鲁班文化是典型的中华古代工匠文化，涵盖我国工匠千百年来形成的思想观念、行业习俗、行业技艺及道德规范等内容，蕴含着精益求精、勇于创新、吃苦耐劳等精神价值，是培育当代工匠精神的文化根基。因此，本研究将对滕州、曲阜等鲁班文化发展相对较好的地区进行实地调研，探寻涵盖工匠精神的传统鲁班文化遗迹、器物、传说等文化资源及传承情况，并对鲁班文化网站、论坛、公众号等进行网络调研，分析鲁班文化传播的主体、内容、传播渠道、传播效果等，为鲁班文化全媒体传播方案设计提供现实依据。

（2）鲁班文化传播的挑战与机遇分析。

当前的鲁班文化传播以传统的文化传播方式为主，传播时长和空间范围有限，传播效果也会随着时空的变换及技术的变革逐渐递减。结合工匠精神培养的社会需求、网民的行为习惯变化和其他优秀文化的全媒体传播经验，梳理当前鲁班文化传播面临的挑战和机遇。

（3）鲁班文化全媒体传播的资源发掘。

鲁班文化全媒体传播的核心是以鲁班作为代表人物和象征符号，更好地弘扬工匠精神等文化精髓，推动以建筑行业为代表的当代企业文化建设，提升产品的质量，提高从业者的人文精神和职业道德规范。然而，鲁班工匠精神少有专业著述流传，却广泛存在于民间传说、民歌、民俗、建造技艺、发明器物、建筑遗迹等文化资源中。因此，在前期调研的基础上，发掘承载鲁班工匠精神的当代文化资源。

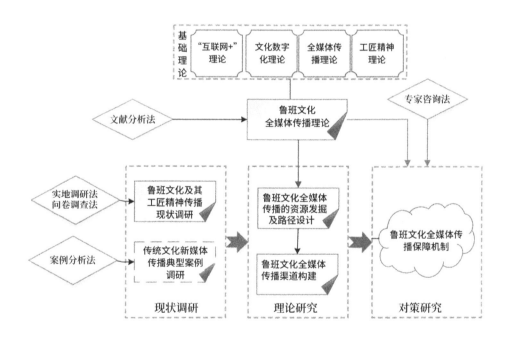

图 1.10　研究框架与思路

（4）鲁班文化全媒体传播的技术路径设计。

鲁班文化全媒体传播离不开新一代信息技术的支持。在信息技术的加持下，传统文化可以进一步拓宽传播的时空范围，提升传播的效率和效果。因此，在调研分析信息技术在传统文化传播应用典型案例的基础上，探讨如何充分利用 5G、人工智能等新一代信息技术，将鲁班文化资源以人们喜闻乐见的方式进行全媒体传播，为鲁班文化的传播注入新的活力，打造新时代鲁班文化的现代价值及创新性发展方向。

（5）新旧媒体融合的鲁班文化全媒体传播渠道构建。

全媒体时代，应坚持一体化发展方向，坚持移动优先策略，牢牢占据传统文化传承的传播制高点。本研究将充分汲取传统文化媒体融合传播经验，合理利用云平台、大数据、物联网、3D 扫描与打印、人工智能等新一代信息技术，优化配置官方网站、微信公众号、微博、App、网络社群、小程序等新兴媒体，结合触摸屏、数字电视等多种移动终端，探索建立立体化的鲁班文化传播渠道，打造线上线下融合（O2O）的鲁班文化全媒体传播模式，实现信息内容、技术应用、平台终端、管理手段共融互通，最终形成资源集约、结构合理、差异发展、协同高效的鲁班文化全媒体传播体系。

（6）鲁班文化全媒体传播保障机制研究。

从树立意识、顶层设计、创新服务、资源建设、科学监管等角度出发，探讨新时代鲁班文化全媒体传播的保障措施，为鲁班文化创新性发展提供可操作性建议。

1.5 研究方法

遵循"现状调研——理论构建——对策研究"的思路，综合运用文献分析法、实地调研法、案例分析法等方法（图 1.10），对鲁班文化全媒体传播的技术路径、渠道、保障机制等问题开展研究。主要采用了以下研究方法：

（1）文献分析法。

对鲁班文化、全媒体传播、工匠精神等理论，进行文献梳理，归纳总结传统文化全媒体传播规律，为鲁班文化全媒体传播研究奠定理论基础。

（2）案例分析法。

通过收集分析传统文化新媒体传播、新旧媒体融合的典型案例，归纳传统文化传播的主流媒体，及采用的主要信息技术，为构建鲁班文化全媒体传播体系提供依据。

（3）实地调研法。

对鲁班文化盛传的省内地区进行实地调研，分析鲁班文化资源及传承现状，为设计鲁班文化传播的内容、渠道等提供现实依据。

（4）问卷调查法。

对鲁班文化传播情况进行问卷调查调研，分析鲁班文化及工匠精神传播现状，为设计鲁班文化传播的内容、渠道、保障机制等提供数据支撑。

鲁班是我国古代有史书记载的最早的创造发明家、土木工匠祖师、建筑师鼻祖，被誉为中国科技发明之父。

第 2 章

鲁班文化全媒体传播基础理论分析

鲁班是我国古代有史书记载的最早的创造发明家、土木工匠祖师、建筑师鼻祖，被誉为中国科技发明之父。❶鲁班作为我国古代优秀的工匠和杰出的发明家，集匠心、师道、圣德于一身。他巧技制胜、规矩立身、授业解惑、至善于人、创新垂法、博施济众，给中华民族留下了宝贵的物质文明和精神文明。相比于其他齐鲁名人，鲁班文化研究起步较晚。2010 年滕州市成立了国际鲁班研究会后，相关研究成果逐渐增多，研究主题包括：鲁班文化内涵、鲁班工匠精神、鲁班器具与遗迹、鲁班传说、鲁班与企业文化建设等，但有关鲁班文化全媒体传播的研究成果还较少。因此，本章主要梳理鲁班文化、全媒体传播等基础理论，为后续研究奠定理论基础。

2.1 鲁班文化概述

鲁班，复姓公输，名般，又称公输子、公输盘、般输、鲁般等，惯称"鲁班"，春秋末期鲁国人。大约生于周敬王十三年（公元前507 年），卒于周贞定王二十五年（公元前 444 年），生活在春秋末期到战国初期，出身于世代工匠的家庭，从小就跟随家里人参加过许多土木建筑工程劳动，逐渐掌握了生产劳动的技能，积累了丰富的实践经验。

鲁班在机械、农用器具、工用器具、建筑艺术等方面有很多发明创造，被称为土建、工匠的"始祖"。在不少典籍中，如《墨子》《礼记》《风俗通义》《水经注》《述异记》《酉阳杂俎》以及一些笔记、方志等著录了不少鲁班的传说。❷人们为了表达景仰之情，将鲁班想象成具有神

❶ 李子. 墨子，鲁班与滕州［J］. 走向世界，2018（49）：80-30.
❷ 杨朝明. 阐发鲁班文化，倡导工匠精神［EB/OL］.（2023-03-21）［2023-10-11］. https://baijiahao.baidu.com/s?id=1760965834069420875&wfr=spider&for=pc.

奇技艺和无穷智慧的"匠师"。在传说中，他造的木头鸟能飞，木头人能够劳动，他造的灯台点燃后可以分开海水，他的墨斗拉出线来就可以弹开木头，他在一夜之间可以建起三座桥等。木工、瓦工、石匠等许多行业都奉他为"祖师"，并为他建庙奉祀。鲁班是中国古代"大国工匠"的代表人物，鲁班文化根基深厚，内涵丰富。作为中国当之无愧的手工创造第一人，鲁班身上集聚着积极进取、巧技制胜、规矩立身、授业解惑、至善于人、创新垂法、博施济众等精神，在当下仍有重要启示。

2.1.1 鲁班文化的精髓

鲁班文化是在历史发展过程中绵延流传下来的与鲁班相关的文化，是以弘扬发明创造为核心的中华优秀传统文化，它既表现为有形的物质文化，如与鲁班相关的建筑工程、发明器具、文化场馆等；又表现为无形的精神文化，如与鲁班相关的风俗习惯、建造技艺等。鲁班文化感召启发着古今工匠的发明创新，是中华民族发展壮大的精神食粮，挖掘和传承鲁班文化精髓具有重要的当代价值和教育意义。

对于鲁班文化的精髓，不同学者有不同的认知。尹慧杨认为，鲁班文化彰显着积极创新的工匠精神，对众多行业都具有重要的参考价值。❶曹兴琴、马勇认为，"鲁班文化"精神内涵包括精益求精、持之以恒、敢于创新、与实践相联系等，借助鲁班文化的影响力，能推进工匠精神的培育进程。❷李国良、周向军认为，鲁班工匠精神是我国工匠精神的

---

❶ 尹慧杨. 鲁班文化对中国传统造园理念的影响研究［D］. 济南：山东建筑大学，2016.

❷ 曹兴琴，马勇. 从"鲁班文化"看现代中国工匠精神的培育［J］. 苏州市职业大学学报，2016，27（04）：65-68.

典范，实现鲁班工匠精神的现代传承是培育大国工匠的关键所在。❶概
而言之，鲁班文化的精髓主要包括以下几个方面：

（1）勇于探索的创新精神。

勇于探索的创新精神是鲁班文化的核心，是鲁班工匠精神得以传承
拓展的本质所在。鲁班一生勤于探索，发明了许多御用物品和民用建筑
器械（表2.1），其发明涵盖石器、木器、铁器、兵器、土木等多个类别，
近60种，为古今人们所称颂。时至今日，鲁班细心观察、付诸实践，
发明锯子的故事仍是儿童们百听不厌的启蒙故事；鲁班巧补短柱，创造
斗拱的经历也成为建筑类院校专业教育的重要素材；鲁班发挥想象，削
竹为鹊，三日不下的典故，至今仍被奉为勇于创新的典范……

表 2.1　鲁班的发明创造

类　别	代表性发明创造
木工工具类	刨、锛、凿、锉、斧、锯、钻、铲、曲尺、墨斗、圆规等
农用器具类	石磙、石碓、石碾、石磨、石臼、石盘、井台、木耒、木犁、耙子、木锄、斧头、榔头、镰刀、铁锨、辘轳等
军事兵器类	角楼、云梯、钩强、攻城锤等
生产生活类	石磨、铲子、滑轮、锁钥、木鸢、木马车、机封、雕刻、门栓等
其他	门石、卯、榫、亭子、桥、宫殿、门板、窗棂、木鹊等

（2）精益求精的质量意识。

鲁班一生精益求精，是手工工艺、建筑器械的集大成者。据《事物

❶ 李国良，周向军. 鲁班工匠精神的现代传承［J］. 齐鲁师范学院学报，2017，32（05）：7-13，45.

绀珠》《物原》《古史考》等古籍材料记载，鲁班以不懈钻研、追求卓越的态度对待每一项工作，其发明创造很好地体现了"巧、妙、精、准、义、新"等特征，但他并不满足于已有的发明创造，几乎每一项发明创作都经过了无数次的改造，充分体现了其精益求精的工作精神、劳动态度、质量意识和职业道德。在传统的诗词歌赋中，凡制造精美绝伦的器物，多托名鲁班所造，或用鲁班的名字，作为形容和标榜。明王祎《王忠文集》卷八："……云桥鲁班造，盖谓坚致壮奇，惟班乃能造耳，非谓真造于班也"可谓一语中的。因此，随着历史文化的发展，"鲁班"成为中华民族智慧的象征和符号，精益求精的质量意识，也成为鲁班工匠文化的精髓。尤其是 1987 年鲁班奖创立以来，鲁班工匠精神得以更为广泛地传播和弘扬。鲁班奖作为我国建筑工程质量最高荣誉奖项，是对工程质量的最高肯定，大力促进了我国建筑工程质量的全面提高。精益求精的质量意识，是鲁班工匠文化在历史传承中得以壮大的产物，是鲁班文化在建设行业传播发展产生的文化精华。

（3）尊师重教的师徒传统。

由于古代技能和社会经验主要靠师傅传授，传承的不仅是手艺技术，更重要的是一种文化精神。众所周知，鲁班曾虚心拜师，苦学三年，坚持不懈，时刻铭记师傅教诲，才学成精湛技艺。学艺有成的鲁班广收门徒，传道授业，至善育人，培养了无数伟大的工匠，也将尊师重教的传统在工匠间传播开来，并逐渐发展为整个行业的共识和规范。

将鲁班作为祖师祭拜，这种习俗最早可以追溯到唐代。《鲁班经》中记载，工匠在上梁时会先祭拜鲁班，对祖师表示尊重并祈佑工程顺利，这一举动被沿用至今。在旧时北方，与建筑业有关的"八大作"（瓦作、土作、石作、木作、彩画作、油漆作、搭材作、裱糊作）或相近的一些行业都尊崇鲁班，会选在每年的腊月二十四（鲁班诞辰）在鲁班庙进行集会❶，设香案祭祀祖师，并举行收徒仪式。新徒弟先叩拜祖师，再拜老师；师徒都在祖师像前明心，老师要无保留地教好徒弟，徒弟要忠于老师，学好技艺。同时，处理业内纠纷和处罚业内不轨之事，也在祖师像前解决。如某人不遵行规或对老师不尊敬，修建工作中不负责出了问题等，都要由行业内的人士商议处罚决定。被处罚者，跪在祖师像前低头聆听，最后表示接受处罚，决心悔改。在南方，鲁班庙的祭拜活动多定在每年农历六月十三，人们将这一天定为"鲁班师傅诞"。木工、石匠尤其注重这天，他们会在鲁班庙前进行集会、庆祝，同时也办理一些本行业事务，调解纠纷，并派"师傅饭"，即在这一天用大铁锅煮白米，加上粉丝、虾米和眉豆等做成饭分给老百姓，人们认为吃了"师傅饭"的小孩子能够继承鲁班的聪慧，健康成长。鲁班的画像也被许多匠人供奉在家中，遇到重大节日或者收新徒弟时都会在鲁班像前进行祭祀与跪拜叩首的礼仪。这种师徒传统经过世代流传，造就了一大批伟大的工匠，给世界留下了无数精致的匠品，也使尊师重教的理念得以广泛传播：师傅不仅要教会徒弟技艺，还要通过言传身教传授从业态度、做事方法及做人的道德，从而将精湛的技艺和敬业奉献精神传承下去。

2.1.2 鲁班文化传播的意义

鲁班作为百工祖师，是智慧和力量的化身，享有"机械之圣""百工圣祖""巧胜先师"等美誉。鲁班文化作为以发明创造为核心的中华优秀传统文化之一，是人类文明的瑰宝。鲁班文化传播的核心是以鲁班

---

❶ 炎黄子孙在线. 鲁班庙与鲁班文化的传承［EB/OL］.（2020-09-11）［2023-10-23］. https://www.yhzszx.com/node/8100.

作为代表人物和象征符号，更好地弘扬工匠精神等文化精髓，推动以建筑行业为代表的当代企业文化建设，提升产品的质量，提高从业者的人文精神和职业道德规范。因此，传播鲁班文化具有十分重要的意义。

（1）有效推动工匠精神的培育。

2016 年，时任总理李克强在政府工作报告中提出，要大力弘扬工匠精神。工匠精神的当代培育，既要借鉴日本、德国等国家的工匠精神培养经验，更要注重中华传统工匠精神的历史传承。❶鲁班作为"百工圣祖"，勤于钻研、善于创新、精益求精，是中华民族工匠精神的代表人物。鲁班文化作为形成于民间的传统工匠技艺文化，其根脉一直延伸到当今生活的多个行业领域，"尚巧"的创新精神、"求精"的工作态度、"道技合一"的人生理想，至今对众多行业的工匠精神培养都具有重要的参考价值❷，并伴随着国家民众生活和社会的发展而不断发展。传播鲁班文化，鲁班自主创新精神，对创新思维和创新型人才的培养具有十分重要的意义，不仅有助于推进工匠精神的培育进程，也有助于提升建设类院校学生"工匠精神"的培养效果。❸1987 年，我国工程建筑领域发展的最高级别与最具创新力的奖项"鲁班奖"创立，标志着鲁班工匠精神在当代仍具有十分重要的价值。30 余年来，共有 2000 多家企业承建工程项目获此殊荣，为培育建筑行业从业者的工匠精神发挥了至关重要的作用。

（2）提升产品质量安全意识。

在涉及质量安全的食品、药品、农资、建材等重点行业，宣传弘扬

---

❶ 李克强. 2017 年政府工作报告 _ 滚动新闻 _ 中国政府网［EB/OL］.（2017-03-16）［2023-10-25］. https://www.gov.cn/xinwen/2017-03/16/content_5177940.htm.

❷ 尹慧杨. 鲁班文化对中国理念的影响研究［D］. 济南：山东建筑大学，2016.

❸ 薛德祥. 立足"鲁班文化"的高职生"工匠精神"培育与实践［J］. 中国职业技术教育，2016（35）：93-95.

鲁班文化精益求精的质量意识和敬业精神，特别是鲁班奖倡导的精品意识，对提高产品及工程质量具有十分重要的引导作用。2019年12月，住房和城乡建设部党组成员、副部长易军在中国建设工程鲁班奖表彰大会上强调，鲁班奖获奖企业要担当起行业领军企业、优秀企业的责任和使命，大力推动建筑工程品质提升，打造中国建造品牌，实现行业更高质量的发展。要大力提升科技创新能力，加大建筑业技术创新及研发投入，着力突破重点领域、关键共性技术开发应用，全面提升工程装备技术水平，推进BIM等技术在工程建设全过程中的集成运用，提升建筑业信息化水平。❶

2.1.3 鲁班文化传播的主体

鲁班文化作为一种流传于各地的传统文化，其传播主体非常广泛，既有官方机构，也有民间艺人。总的来说，主要包括以下几种类型：

（1）综合性传统文化传播机构。

这类机构致力于中华优秀传统文化传播，鲁班文化的传播也是其传播内容之一。这类机构既包括综合性的文化馆、博物馆等文化机构，也包括拥有出版、广播、电视等传统媒体的新闻机构，还包括从事影视制作、文艺演出等业务的文化创意公司。

（2）鲁班文化研究机构。

随着国家对工匠精神培育的重视，近年来，一些地方政府和高校联

---

❶ 乔雪峰. 推动建筑工程品质提升 实现行业更高质量发展［EB/OL］.（2019-12-10）［2023-10-23］. http://m.people.cn/n4/2019/1210/c28-13487174.html.

合建立了鲁班文化研究机构，致力于鲁班文化的研究和传播，如山东省鲁班研究会、鲁班研究院、滕州鲁班传统文化传播中心、曲阜鲁班研究会等机构。

（3）建筑类院校。

近年来，许多高校开始重视校园文化及职业道德建设。在此背景下，山东建筑大学、山东城市建设职业学院、湖南城建职院、浙江建设职业技术学院等建筑类院校，纷纷将鲁班文化融入专业人才培养，弘扬传播鲁班工匠精神，甚至有高校专门开设了"鲁班文化与工匠精神"课程，建立了国家级的鲁班文化教学资源库，搭建了"鲁班锁制作及拆拼技艺技能传承创新平台"❶，提升了对鲁班发明及技艺的互动体验感。

（4）鲁班相关企业。

一些拥有鲁班相关品牌的企业或鲁班奖获奖企业等单位，也是鲁班文化传播的重要主体。这些企业常将鲁班奉为行业鼻祖，以鲁班文化为企业文化，倡导精益求精、创新等工匠精神，注重鲁班文化的学习和传承。

（5）鲁班传承人。

鲁班作为"百工祖师"，不仅在民间有许多技艺传承人，而且在国家级建设工程项目中也涌现出许多新时代的鲁班、鲁班奖获奖工程人物等，他们的杰出事迹或作品就承载了鲁班工匠精神。他们是鲁班工匠精神最好的诠释者，也是鲁班文化的新时代代言人，是鲁班文化最具说服力的传播者。

---

❶　我的大学选修课：《鲁班文化与工匠精神》［EB/OL］．（2022-05-10）［2023-10-25］．https://www.sohu.com/a/545694392_355207.

2.1.4 鲁班文化传播的载体

鲁班作为我国最为著名的古代传奇工匠，是中华民族古代"工匠精神"的代表人物。然而，其工匠精神少有专业著述流传，却广泛存在于民间传说、民歌、民俗、建造技艺、发明器物、建筑遗迹等文化资源中。作为古代传奇工匠，鲁班文化植根于民众之中，因此，鲁班文化的主要传播载体不是古籍文献，而是鲁班文化场馆、鲁班建造技艺、发明器具、民俗活动、民间曲艺等多种文化资源。鲁班文化的有效传播，或得益于有形的文化载体，或得益于工艺精湛的鲁班传人，或得益于区域性的民间文化传播，其传播效果会随着时空的变化逐渐递减，传播范围也会随着时间的推移而逐渐缩小。尤其是随着工业化的推进，一些传统的木工器具、农用器具将逐渐退出历史舞台，若不对这些文化传播载体进行保护性抢救，这些器具将面临淘汰或消失的危险，其承载的鲁班工匠精神也将随之淡化。因此，加强鲁班文化数字资源建设，充分利用现代信息技术拓展鲁班文化传播的时空范围，加强全媒体传播尤为关键。

2.2 全媒体传播概述

2.2.1 全媒体传播的含义

全媒体传播是指采用文字、声音、影像、动画、网页等多种媒体表现手段，利用广播、电视、音像、电影、出版、报纸、杂志、网站等不同媒介形态，通过融合的广电网络、电信网络及互联网络进行传播。全媒体可以帮助用户以电视、电脑、手机等多种终端完成信息的融合接收，

最终实现任何人、在任何时间、任何地点、以任何终端获得任何想要的信息。❶

"全媒体"主要不是指媒体种类的"全",而是强调当前人类信息交互的"全程、全息、全员、全效"等特性。其中,"全程"是指客观事物运动的整个过程都会被现代信息技术捕捉、记录并存储,属于对信息采集处理技术的时空维度的考察。"全息"一般是指反映物体在空间存在时全部情况的信息,在全媒体中是指在物联网、人工智能、云技术等数字化技术基础上,媒体信息来源和信息呈现形态的多样化,如文字、图片、音频、视频等。"全员"是指各种社会主体(个人、团体、各类机构等)均通过网络进入社会信息交互的过程,是从社会维度对信息交互方式和社会传播关系的概括。"全效"是指互联网时代全媒体传播体系效能的全面化,属于媒体功能维度。❷因此,全媒体传播是多网归一、多终端归一的立体化、全维度的信息传播形式,具有信息辐射面大、传播速度快等特点。

当前,媒体技术日新月异,传播格局不断颠覆,以历史性、保守性、封闭性为特征的传统文化传播,存在融媒体思维缺位的问题,主要有传播空间局限、优质资源浪费、效益意识薄弱等表现,正面临"形象重塑"与"传播重构"的挑战。全媒体的传播方式,对传统文化传承产生了巨大影响,能够让传统文化真正"活"起来。因此,传统文化传播需要综合运用新技术,实现全程、全息、全员、全效传播,激发受众互动参与,设置议题引导舆论,实现经济效益与社会效益的统一。

---

❶ 李芳葫. 每日学习关键词: 建设全媒体 [EB/OL]. (2020-10-30) [2023-10-21]. https://www.xuexi.cn/lgpage/detail/index.html.

❷ 宋建武. 如何建设全媒体传播体系? [EB/OL]. (2020-07-30) [2023-10-21]. http://www.china.com.cn/opinion/think/2020-07/30/content_76330128.htm.

2.2.2 全媒体传播的建设要求

2019 年 1 月，中共中央政治局在人民日报社就全媒体时代和媒体的融合发展举行第十二次集体学习，习近平总书记创造性地提出了"全程""全息""全员""全效"的 "四全媒体"论，并强调要形成资源集约、结构合理、差异发展、协同高效的全媒体传播体系❶，为加快构建全媒体新格局指明了发展方向。

2020 年 9 月，中共中央办公厅、国务院办公厅印发了《关于加快推进媒体深度融合发展的意见》（以下简称《意见》），从重要意义、目标任务、工作原则三个方面明确了媒体深度融合发展的总体要求，旨在建立以内容建设为根本、先进技术为支撑、创新管理为保障的全媒体传播体系。《意见》指出，要推动主力军全面挺进主战场，以互联网思维优化资源配置，把更多优质内容、先进技术、专业人才、项目资金向互联网主阵地汇集、向移动端倾斜，让分散在网下的力量尽快进军网上、深入网上，做大做强网络平台，占领新兴传播阵地。要按照资源集约、结构合理、差异发展、协同高效的原则，完善中央媒体、省级媒体、市级媒体和县级融媒体中心四级融合发展布局。要努力打造全媒体对外传播格局，讲好中国故事，传播中华文化。要以先进技术引领驱动融合发展，用好 5G、大数据、云计算、物联网、区块链、人工智能等信息技术革命成果，加强新技术在新闻传播领域的前瞻性研究和应用，推动关键核心技术自主创新。要推进内容生产供给侧结构性改革，更加注重网络内容

---

❶ 习近平. 加快推动媒体融合发展 构建全媒体传播格局 [J]. 求是，2019（06）：3-8.

建设，始终保持内容定力，专注内容质量，扩大优质内容产能，创新内容表现形式，提升内容传播效果。要深化主流媒体体制机制改革，建立适应全媒体生产传播的一体化组织架构，构建新型采编流程，形成集约高效的内容生产体系和传播链条。要发挥市场机制作用，增强主流媒体的市场竞争意识和能力，探索建立"新闻＋政务服务商务"的运营模式，创新媒体投融资政策，增强自我造血机能。❶

2022 年 8 月，中共中央办公厅、国务院办公厅印发了《"十四五"文化发展规划》，明确指出要"建设全媒体传播体系""加快推进媒体深度融合发展，有效整合各种媒介资源、生产要素，推动在信息内容、技术应用、平台终端、管理手段等方面共融互通，打造一批具有强大影响力、竞争力的新型主流媒体。统筹处理好传统媒体和新兴媒体、中央媒体和地方媒体、主流媒体和商业平台、大众化媒体和专业性媒体的关系，建立以内容建设为根本、先进技术为支撑、创新管理为保障的全媒体传播体系。推进内容生产供给侧结构性改革，完善高质量内容产出机制，推广互动式、服务式、场景式传播。强化新一代信息技术支撑引领作用，支持主流媒体重塑采编流程、建设平台终端、优化管理手段、强化版权保护、打造媒体资源数据库、提升内容生产力、占据传播制高点。创新媒体业态、传播方式和运营模式，强化用户连接，发挥制度优势和市场作用，增强主流媒体竞争力"。要"深入实施中华优秀传统文化传承发展工程，加强中华文明探源和考古研究成果、中华文化典籍等全媒体传播，提升博物馆、纪念馆和文物保护单位展陈教育水平""扶持民族民间文化整理研究"。"加强非物质文化遗产保护传承，健全非遗调查

---

❶ 王禹. 关于加快推进媒体深度融合发展的意见［EB/OL］.（2020-09-27）［2023-10-23］. https://www.sohu.com/a/421287740_613537.

记录体系、代表性项目制度、代表性传承人认定与管理制度，对国家级非遗代表性项目实施动态管理，探索认定代表性传承团体（群体），加强非遗传承人群培养。提高非遗传承实践能力。强化整体性系统性保护，建设国家级文化生态保护区、非遗特色村镇和街区。强化融入生产生活，创新开展主题传播活动，推进非遗进校园、进社区、进网络。"❶

因此，在全媒体建设过程中，应树立全媒体意识，锻造内容价值链和基础设施链两个链条，汇聚融合性媒体、集体性智慧和参与式文化三股驱动力量，在组织协同、内容生产、内容传播、业务流程再造四个领域开展创新管理，从而推动媒体融合向纵深发展。❷❸

2.2.3 全媒体传播的关键技术

构建融为一体、合而为一的全媒体传播格局，离不开信息技术的支持。涉及的主要信息技术如下。

（1）5G 技术。

5G 是第五代移动通信技术的简称，是最新一代蜂窝移动通信技术，具有万物互联、高速度、泛在网、低时延、低功耗、重构安全等特点和优势。其峰值理论传输速度可达每 8 秒 1GB，比 4G 网络的传输速度快数百倍。利用 5G 技术，一部 1G 的电影可在 8 秒之内下载完成。因此，

---

❶ 中国政府网. 国务院办公厅印发《"十四五"文化发展规划》［EB/OL］．（2022-08-16）［2023-10-23］. https://www.gov.cn/zhengce/2022-08/16/content_5705612.htm.

❷ 周荣庭. 全媒体传播体系建设的创新路径［EB/OL］．（2019-12-31）［2023-10-21］. https://www.xuexi.cn/lgpage/detail/index.html?id=1829168912759169035.

❸ 百度百科. 5G（第五代移动通信技术）［EB/OL］．（2020-06-06）［2023-10-21］. https://baike.baidu.com/item/5G/29780?fr=aladdin.

在 5G 技术的影响下，文化产业将在产业技术、文化产品、商业模式、产业管理等方面表现出新的发展趋向，以 5G 通信技术、4K/8K 超高清视频信号及以 VR、AI 为代表的高新技术创新，正推动着文化产业的数字化发展。在 5G 网络的高速度和大容量的技术助力下，可以将传统的手工艺品、建筑、音乐、舞蹈等文化形式进行数字化记录和传播，让更多人了解和欣赏传统文化的魅力。

近年来，基于 5G 网络的传统文化传播已取得了良好的效果，中国移动、中国电信等公司也逐渐发展成为践行国家文化强国战略的生力军。2021 年 4 月 16 日，第七届中国数字阅读大会重磅开幕，献礼建党 100 周年特别活动成为大会开幕的最大亮点。在 5G 技术支持下，首度开启线上与线下相结合的"双线联动举办模式"，创造了 5G+"数字阅读"的多种体验，通过线上直播和 5G 体验专区，场外观众可以观看超高清开幕式和直播论坛，参与嘉宾做客的直播间互动。[1]同时，咪咕联动人民日报、新华社、光明日报等国家主流媒体也对阅读大会进行了密集的宣传，通过联合出品革命老区 H5 等形式多样的新媒体产品，将大众数字阅读与文化娱乐生活有机结合，推动文化产业与新科技相互赋能、互补发展。

在山东鄄城，山东移动积极探索以 5G 技术助推鲁西南地区非遗文化传播，融合齐鲁文化特色和历史古迹，进一步激活了鲁锦织造等传统技艺发展的新动能。鲁锦织造技艺是国家级非物质文化遗产之一，是黄河文化的重要代表，鲁西南地区的"活历史"。由于鲁锦工坊现多位于

---

[1] 助力文化强国！咪咕如何用"5G+"赋能中国数字阅读大会新时代感 | 云阅读 | 文创_网易订阅［EB/OL］.（2021-04-16）［2023-10-25］. https://www.163.com/dy/article/G7R I0HFF0534HPN8.html.

旧城、董口等沿黄乡镇，所处地理位置偏僻，因此，网络建设存在较多难题。2023 年，山东移动积极响应"我为群众办实事"活动，把服务滩区村民、推动美丽乡村建设作为具体行动，迅速组建网络建设攻坚队，持续加强乡村"新基建""有线 + 无线"两张网快速接入，克服无线覆盖、管道接入难等问题，完成区域内 68 处基站配套设施建设，实现了 5G 网络全覆盖。依靠 5G 网络，鲁锦织造通过现场直播让更多人领略到"非遗"之美，飞针走线、巧夺天工的技艺为鲁锦文化创意产业发展打开了新销路，从电子商务到直播带货，传统工艺不断创新，实现了线上多平台、多渠道销售。❶

（2）云计算技术。

云计算技术是基于互联网的相关服务的增加、使用和交付模式。云计算具有超大规模、虚拟化、高可靠性、通用性、高可扩展性、按需服务、廉价等优点，它采用按使用量付费的模式，提供可用的、便捷的、按需的网络访问，用户可以通过互联网获取虚拟化资源。云计算技术的发展，破解了传统文化产业主要依靠实体经营和线下服务的限制，使传统文化企业能够更好地利用云计算和互联网技术，在全球范围内实现文化资源共享和合作创新，为传统文化注入了新的元素和活力，高效地赋能了传统文化的数字化传播，让为更多人有机会深入了解和参与传统文化的传承和发展。

近年来，随着云服务的普及和国家文化数字化战略的实施，全国各地博物馆、纪念馆、图书馆、艺术馆纷纷"上云用数赋智"，云展览、云旅游、云观影、云音乐会等线上文化消费场景不断丰富，推动着中华

---

❶ 齐鲁晚报网. 5G 加持非遗文化，为传承创新注入新活力［EB/OL］.（2023-04-28）［2023-11-15］. https://baijiahao.baidu.com/s?id=1764407598241712005&wfr=spider&for=pc.

优秀传统文化走出"深宫"、走出"馆藏"、走近大众，深入融入百姓生活。2020 年 9 月，一场长达 8 小时的线上直播，率先让人们实现"云游"故宫，云上观看紫禁城建成六百年超级大展。❶ 在直播中，10 余位不同领域的专家及专业人士讲解了"紫禁城此时此刻""说说太和殿那些您不知道的事""宁寿宫花园：乾隆颐养之地""故宫博物院藏苏轼主题书画特展"等内容，吸引了多达 3000 多万人次的观看。❷

2022 年 5 月，中共中央办公厅、国务院办公厅印发了《关于推进实施国家文化数字化战略的意见》，明确提出要统筹推进公共文化云建设，增强公共文化数字内容的供给能力。2022 年 3 月，为指导各地顺利实施公共文化云建设项目，在文化和旅游部公共服务司指导下，文化和旅游部全国公共文化发展中心面向各省、自治区、直辖市文化（群艺）馆和新疆生产建设兵团文化中心印发了《公共文化云建设项目"十四五"建设指南》，对公共文化云建设项目涉及到的看直播、享活动、学才艺、订场馆、赶大集、全民艺术普及资源总库建设、基层全民艺术普及服务提质增效等建设任务做了细化说明，明确了各项建设任务的基本要求、支持范围、建设标准、成果提交方式等内容，提出了公共文化云建设各类型资源格式规范❸，成为各地开展公共文化云项目建设的重要参考依据。

在国家文化数字化战略政策引领下，各省加强了公共文化云建设，

---

❶　新浪财经. 故宫六百年大展开启 8 小时沉浸式直播，"深度云上游"还有多少新可能［EB/OL］.（2020-09-10）［2023-10-21］. https://baijiahao.baidu.com/s?id=1677445171938604107&wfr=spider&for=pc.

❷　吴才唤. "云"相聚：让中华文化走进千家万户［EB/OL］.（2020-05-29）［2023-09-15］. https://baijiahao.baidu.com/s?id=1668026741228038834&wfr=spider&for=pc.

❸　马思伟. 全国公共文化发展中心发布《公共文化云建设项目"十四五"建设指南》［EB/OL］.（2022-03-14）［2023-09-15］. https://www.mct.gov.cn/whzx/zsdw/qgggwhfzzx/202203/t20220314_931845.html.

省级数字文化馆平台已实现公共文化云平台全覆盖。以山东省为例，截至 2023 年 4 月底，山东省公共文化云建设已形成了覆盖全省各级文化馆（站）的大集成、大展台，全省 16 家市级文化馆、129 家县（市、区）文化馆已实现与"山东公共文化云"的对接。2022 年全省云上展播群众文艺作品 455 场次，展播群众文艺作品 2900 件，点播人次达 4600 万次。❶依托国家公共文化云，淄博桓台县的"淄在村晚"、滨州滨城区的"黄河从我门前过"、潍坊寿光市的"民俗乐翻天"等活动在互联网上展播，深受全国观众好评，充分展示了文化上云为传统文化传播赋予的技术力量。

（3）物联网技术。

物联网技术是通过射频识别（RFID）、红外感应器、全球定位系统、激光扫描器等信息传感设备，按约定的协议，将任何物品与互联网相连接，进行信息交换和通信，以实现智能化识别、定位、追踪、监控和管理的一种网络技术。物联网技术将物品通过信息传感设备与互联网连接起来，进行信息交换，能实现智能化识别和管理，是互联网技术的延伸和扩展。物联网具有全面感知、可靠传输、智能处理等优势，因此，许多文旅企业将其作为预防性保护贵重文物藏品的重要技术手段。

在传统文化产业中，可以将物联网技术用于文物的保护和监测、展品的追踪管理等。在文物保护与监测方面，通过在文物上植入传感器，可以实时监测文物所处的温度、湿度、光照等环境条件，及时发现文物的位移和振动情况，有效协助文物保护人员远程监控文物的状态并采取必要的措施，以确保文物的安全性和完整性。在展品追踪和管理方面，

---

❶ 刘一颖. 山东 16 市文化馆齐聚"山东公共文化云"［EB/OL］.（2023-07-27）［2023-10-21］. https://baijiahao.baidu.com/s?id=1772568081661755922&wfr=spider&for=pc.

通过在展品上安装 RFID 标签或其他传感器，可以精确地追踪展品的位置和状态，确保展品在展览过程中不会丢失或被盗。另外，通过物联网技术还可以提升观展体验，及时便捷地获取与展品相关的实时信息、音频导览、视频解说等信息。

近年来，博物馆、美术馆、图书馆等公共文化服务机构也逐渐感受到物联网技术的魅力，纷纷用物联网技术赋能文化遗产保护。据媒体报道，2010 年，国家文物局在敦煌莫高窟、秦始皇帝陵博物院开展物联网应用示范研究。在敦煌莫高窟，已有 60 多个洞窟安装了 200 多个传感器，包括温湿度、二氧化碳监测设备，崖体内部温湿度、崖体裂隙、壁画病害等传感器，山顶和窟区布置气象站和风沙监测站，窟区安装空气监测站等。在数据采集、实时监测的基础上，通过网络将数据传输至专用的数据库，并将分析结果实时传给洞窟开放管理系统和莫高窟监测中心，一旦数值超过承载限度，系统将发出预警，并通过短信平台传给相关人员，采取相应的保护措施。❶在秦始皇帝陵，利用综合传感器、无线射频等物联网技术，在 3 个秦兵马俑陪葬坑、综合陈列楼、文物库房、修复室以及骊山园部分遗址部署了环境监测传感器，监测的对象包括遗址区空气的温湿度、颗粒物、有害气体、光照、紫外线强度等，甚至也能监测气象环境，如大气压、风速、风向、降雨量、室外温湿度等，能有效辅助秦始皇帝陵博物院实现远程和大范围的监测。秦始皇帝陵博物院还利用 RFID（射频标签）技术，给每件文物建立唯一的身份凭证，RFID 与文物藏品数据库相结合后，管理人员能够随时读取每件文物的详细信息。对野外遗址，秦始皇帝陵博物院还布设了振动传感器，通过

---

❶　摩尔芯闻. 物联网将会给文化行业带来什么［EB/OL］.（2020-04-03）［2023-10-21］. http://news.moore.ren/industry/212294.htm.

振动信号的强度、频率、发生时间、传播方向等，及时对入侵行为展开行动，防止秦始皇帝陵被盗掘。❶在故宫博物院，由腾讯数字孪生团队与故宫博物院团队共同研发的"数字孪生智慧管理平台"环境监测系统，可以根据预约文物类型，自动调整实验室内灯光、温湿度、二氧化碳浓度等参数，为丝绸、陶瓷、青铜、玉石等不同材质的文物提供最适宜的环境，能耗检测系统则通过对水、气、电情况实时监测和预警，进一步保障故宫文物与建筑的安全。❷

（4）人工智能技术。

2016 年被称为人工智能元年。人工智能（Artificial Intelligence，AI）技术是一种通过自然语言处理、机器学习、知识图谱等技术手段来模拟和实现人类智能的一种技术。通俗来讲，就是由人类生产制造出来的、具有一定思考能力的、能够模拟人类行为的一种计算机技术。AI 技术是一种综合性的技术，包括机器学习、自然语言处理、计算机视觉、语音识别、智能控制等多个细分领域。尤其是随着围棋机器人阿尔法狗（AlphaGo）和通用大语言模型 ChatGPT 的横空出世，让人们逐渐意识到，AI 技术已经渗透多个行业和领域，为人们的日常生活和工作带来了深远的影响，文化产业也不例外。

近年来，随着 AI 技术的发展应用，不少传统经典艺术作品都"活"了过来。2019 年 7 月，华为终端官微发布了运用高科技还原的《春江花月夜》古乐谱，就是用 AI 学习"破译"的，它将 1300 多年前的声音重

---

❶ 陕西旅游咨询. 秦始皇帝陵博物院的"奇妙科技"［EB/OL］.（2017-01-20）［2023-10-21］. https://www.sohu.com/a/124790128_348977.

❷ 王玎. 腾讯李航：推动技术与文博产业深度融合，助力文化传承与创新发展［EB/OL］.（2023-05-10）［2023-10-21］. https://baijiahao.baidu.com/s?id=1776636179678325188&wfr=spider&for=pc.

现于世，带领人们穿越到歌舞升平的大唐盛世。据报道，国内中影数字修复中心、爱奇艺等都利用技术优势推出了老电影修复计划。爱奇艺的 Zoom AI 视频增强技术仅需 12 小时就可以完成一部电影 4K 版本的修复增强并上线，仅 2019 年一年就修复了《劳工与爱情》《早春二月》《龙须沟》《白毛女》《小蝌蚪找妈妈》等 22 部中国电影和动画经典之作。旅居纽约的独立艺术家、游戏开发者、微博博主"大谷 Spitzer"利用 AI 将兵马俑真人还原、让杜甫在线演唱《奇迹再现》、为中国电视首播画面上色、用 AI 上色修复一位普通中国人从晚清开始跨越 62 年的 62 张自拍，被《人民日报》《光明日报》等媒体点赞转发，引起千万网友热议。❶另外，智能客服机器人也被应用于传统文化传播中，如"贤二小法师"是北京龙泉寺推出的智能机器人，它能够在网上与人们对话，把佛学中的一些哲理用聪明又卖萌的形式说出来。❷甚至连网易旗下的游戏都内置了"宋词作词机"，旗下的伏羲 AI 引擎学习了 2 万余首宋词后，在《逆水寒》手游中展示了强大的创作能力，开发组在游戏中选择了 40 多个 AI 作词打卡点，玩家在这些地方输入关键词，AI 会自动生成一段宋词，让玩家在娱乐的同时，还能体验传统文化的美好。作词结束后，AI 还会自动生成诗画截图，配上一段宋词，供玩家们保存或向他人分享。❸ 2023 年 6 月 10 日，四川省文物考古研究院宣布，三星堆遗址祭祀区出

---

❶ 范佳. 央视点赞！他用 AI 还原兵马俑和百年前的时装秀兵，怎么做到的？［EB/OL］.（2020—10—23）［2023—10—21］. https://baijiahao.baidu.com/s?id=1681319291072493212&wfr=spider&for=pc.

❷ 中财资本. 人工智能如何影响文化产业？［EB/OL］.（2017—11—17）［2023—10—21］. https://www.sohu.com/a/205003485_100002829.

❸ 爆哥解说. AI 还能用于传播中国传统文化？我本来不信，直到看见逆水寒手游［EB/OL］.（2023—04—12）［2023—10—21］. https://baijiahao.baidu.com/s?id=1762970903029717167&wfr=spider&for=pc.

土文物铜兽驮跪坐人顶尊铜像、铜罍尊座倒立鸟足顶尊神像跨坑拼对成功,而这两件重器就是通过人工智能辅助文物修复完成模拟拼接的❶。

2023年6月,在联合国教科文组织驻华代表处、中国文物信息咨询中心(国家文物局数据中心)、中国文化遗产研究院的指导下,腾讯SSV数字文化实验室与腾讯研究院联合发起"探元计划2023",面向人工智能、数字孪生、沉浸式感知交互等创新技术群,聚焦文物、非遗、传统文化艺术等传统文化应用场景,征集、遴选创新技术解决方案;腾讯投入千万元资金,牵引内部近10个核心技术团队,推动"文化+科技"解决方案的共创落地❷,必将给传统文化传播带来创新性技术变革。

(5)VR技术

VR(Virtual Reality,VR)是利用虚拟现实通过计算机系统及传感器技术生成三维环境,创造出一种崭新的人机交互方式,模拟人的视觉、听觉、触觉等感觉器官功能,使人能够沉浸在虚拟情境中。利用VR技术,博物馆、文化场馆等可以提供基于网络的沉浸式文化体验服务,在网络环境中展示文物藏品的细节和特征,降低文物频繁搬动和暴露的风险,使参观者足不出户就能够在云端观展体验,破除线下场馆带来的时间和空间限制。通过VR技术还可以将虚拟信息叠加在真实展品上,为用户提供实时解说、交互式服务等。

近年来,越来越多的文旅机构利用VR技术为传统文化传播赋能,如在2022年第三届中国国际文化旅游博览会上,山东演艺集团设立山东文旅数字场景化平台VR体验区,联合山东省档案馆、山东博物馆、

---

❶ 刘佳璇. 数字化助力"文博热"[EB/OL].(2020-10-23)[2023-10-21]. https://baijiahao.baidu.com/s?id=1772269694593156121&wfr=spider&for=pc.

❷ 龙联数字技术. AI大模型,与传统文化到底有什么关系?[EB/OL].(2023-07-14)[2023-10-21]. https://baijiahao.baidu.com/s?id=1771387142400480813&wfr=spider&for=pc.

山东省吕剧院、济南文旅集团积极探索推进科技与文旅融合再升级，为观众提供沉浸式文化体验。VR 体验区内设山东演艺集团"大幕开启 春华秋实"国潮主题快闪秀、山东省档案馆红色主题展、山东博物馆恐龙展和玉器展、山东省吕剧院《我心永恒》、明湖游船五项主题应用场景及动作捕捉技术 + 数字人互动专区，通过运用 720° 3D 全景超高清图像采集和低延迟传输、动作捕捉等技术，实现了科技与齐鲁传统文化的深度完美融合。❶ 在江西南昌，利用 VR 赋能文化历史，把文化元素转化为创新产品，打造了革命文物、历史文物、红色文化为主题的 VR 系列影片，让沉淀于历史的文化"活"了起来，《探秘海昏侯》VR 电影、《老街印象》VR 影片、八一精神《第一枪》互动电影、《红色记忆》AR、《海昏侯》AR 文创等作品，均深挖了文化背后的故事，并融合采用了人工智能、AR、VR、大数据、体感等多种技术，增强互动性和参与性，让文化潜移默化地渗透到体验者脑海中，留住记忆。❷

　　另外，随着 VR 技术的发展和应用场景拓展，还出现了传播中华优秀传统文化的 VR 游戏，如由贰月剪刀联合平塔工作室制作的《方寸幻镜》游戏，是一款 VR 国风解谜类游戏，荣获了包括"金陀螺奖·年度创新 VR 游戏奖""PICO 2022 最佳美术"提名在内的诸多奖项。游戏以我国四大名著之一的《红楼梦》第 5 回"贾宝玉神游太虚观"为灵感，创造了一个中式庭院风格的奇妙世界，谜题围绕"镜子"展开，深受玩家的喜爱。《方寸幻镜》还参考国画和中国传统绘画中的思想、理论，将艺

---

❶　金台资讯. 山东文旅数字场景化平台 VR 体验区亮相文博会 推动科技与文旅融合再升级［EB/OL］.（2022-09-15）［2023-10-21］.https://baijiahao.baidu.com/s?id=1744031703633445466&wfr=spider&for=pc.

❷　张代艳. VR 新应用之电影：让历史文化"活"起来［EB/OL］.（2020-10-17）［2023-10-21］.http://www.ncnews.com.cn/xwzx/ncxw/jrnc/202010/t20201017_1637288.html.

术家吴冠中的绘画意境融入设计之中，打造了唯美、含有大量国风元素的中国山水园林意境。另外，游戏中还添加了射箭、钓鱼等有沉浸感的VR交互操作❶，用VR游戏"活化"了中国传统文化。

2.2.4 优秀传统文化全媒体传播的典型案例

2023年2月，凤凰网发布了《中华传统文化传播热度大数据报告（2022）》。报告指出，十余年来，国家主流意识形态赋予中华优秀传统文化全新的政治高度和时代使命，从国计到民生，传统文化素材比比皆是，可以延展的议题不胜枚举，相关的新闻报道层出不穷。主流媒体、门户网站、社交平台、音视频分享平台等，围绕传统文化推出的现象级节目、影视剧、音频课程、中短视频等，流量动辄过亿。从人文知识到生活日用，传统文化话题时常见于热搜；从色彩图案到材质造型，传统文化的视觉元素和设计风格也是线上线下随处可见。❷2013年以来，《中国汉字听写大会》《中国成语大会》《中国诗词大会》《国家宝藏》《经典咏流传》《典籍里的中国》等原创文化类节目推陈出新，覆盖亿万观众，融媒体互动，多平台二次传播，取得了良好的传播效果，形成了诸多经典的传统文化全媒体传播典型案例。

（1）《中国诗词大学》创新打造融合新空间。

从2016年至2023年，每年一季播，已持续八季。八年来，《中国诗词大会》本着"赏中华诗词，寻文化基因，品生活之美"的宗旨，通

---

❶ VR陀螺. 对话《方寸幻镜》制作人［EB/OL］.（2023-04-11）［2023-10-21］. http://app.myzaker.com/news/article.php?pk=64355b078e9f09560b07fd41.

❷ 柳理，等. 中华传统文化传播热度大数据报告（2022）［EB/OL］.（2023-02-27）［2023-10-21］.https://news.ifeng.com/c/8NkTy7jHLuI.

过演播室比赛的形式，发动全民诗词总动员，实现了"诗入寻常百姓家"的目的，继承和发扬中华优秀传统文化，带动全民重温那些曾经学过的古诗词，分享诗词之美，感受诗词之趣。

在节目制作上，积极拥抱 5G、AR、裸眼 3D、VR 等技术；在比赛环节上，设置"云上千人团"，实现"云上"空间实时互动；在诗词内容上，契合航天、冬奥会等热点，将诗词美学与时代趣味巧妙结合；在活动设置上，诗词大会海选、组队比拼、专场特别版节目录制、诗词元宇宙展览、诗词衍生品合作、诗词视频内容矩阵等，掀起"全家老小齐上阵，天南地北共此情"的诗词热潮，实现融合影视节目、视频网站、微博、线下展会、图书等多种媒体的全媒体传播。

据中国广视索福瑞媒介研究（CSM）数据显示，《2022 中国诗词大会》在 CCTV-1 综合频道播出期间，收视率高居全国第一，电视端累计观众规模达 2.47 亿人。《2022 中国诗词大会》一开播，节目的讨论度就高居不下，微博话题"日军搜家 7 次都没有找到的两件国宝"登上微博热搜榜第一，阅读量达 2 亿；而康震含泪讲述《谁是最可爱的人》的短视频，不到 24 小时，全网点击量即突破 1000 万次，"谁是最可爱的人总是让人落泪"等话题也登上微博热搜榜，再现全民参与的文化景观。[1]在"诗词小剧场"中，何尊和利簋"开口说话"，让观众从"诗史互证"的全新视角去理解诗词背后的事件，了解"武王征商"的悠久历史。

2023 年《中国诗词大会》将时代精神融入节目创制，从时代之变、中国之进、人民之呼中淬炼出"欢喜""寻味""燃""寒暑""先生""本

---

❶ 张睿. "诗词大会"引发全民文化热 传统文化创新节目将引领电视新风尚［EB/OL］. （2022-03-10）［2023-10-25］.https://www.xiancn.com/content/2022-03/10/content_6495735.htm.

来""心动""天下""十年""远方"十大关键词，串联起家国天下、体育竞技、乡村振兴、科技发展等多个时代切面，融合了真人复原《福贵岁朝图》、实景搭建《清明上河图》、全息虚拟人苏轼等多种展现形式，并在 MR 混合现实技术的加持下与现场主持人、选手进行了实时互动，历史感、科技感、时尚感、未来感兼具。这种极具视觉冲击力的全新感官体验，符合当下人们的审美情趣，加强了诗词的故事化、场景化互动体验，实现了虚拟现实的视觉沉浸，搭建了古与今、传统与现代、经典与流行、科技与艺术、抽象与具象沟通的桥梁，以有温度、有情怀的方式振奋亿万人心，凝聚精神伟力，厚植文化自信，释放中国力量。节目期间，电视端观众规模达 1.89 亿人，收视率位列同时段专题节目第一。2023 年 4 月，《中国诗词大会》参加第二届中国（武汉）文化旅游博览会，精心为现场观众打造了身临其境的诗词元宇宙。展会上，观众既可以戴上 VR 眼镜沉浸式观展，也可以拿起特制的毛笔凌空在屏幕前书写，还可以接入 Q 版 "苏轼" 实体数字手办了解诗人 "苏轼" 的前世今生……2023 年 8 月，《中国诗词大会》IP 与横店影视城签署了战略合作协议，将以横店的影视基因、产业能力、运营基础为核心，围绕诗词影视化、诗词产业化、诗词产品化等进行深度合作，以弘扬优秀中华诗词文化，促进诗词与横店影视文旅产业深度融合发展。

（2）舞蹈诗剧《只此青绿》拓宽文物产业链。

2021 年，域上和美文化发展有限公司、中国东方演艺集团与故宫博物院、人民网等共同出品的舞蹈诗剧《只此青绿》，将宋代青绿山水画的巅峰之作《千里江山图》演绎成舞台 "神剧"，可谓 "一出道即顶流"，荣获 "文华大奖"，在微信朋友圈 "霸屏"，引发好评不断。《只此青绿》首演后，中国东方演艺集团采取了线上线下结合，演出演播并举的模式。该剧依托人民网庞大的海内外媒体资源进行全渠道宣发，扩大了作品的传播力、影响力。首演前后，以人民网微信、微博、抖音、快手及海外平台等官方媒体矩阵同步跟进宣传，在国内成功引发央视网、光明网、中国新闻网、澎湃新闻、新浪网、搜狐网、网易新闻、《中国文化报》《文艺报》《中国艺术报》《中国青年报》《北京日报》、学习强国、今日头条等百余家中央及地方媒体广泛转发传播，累计发稿量超100篇次。同年10月，《只此青绿》选段"入画"登上中央电视台《国家宝藏·展演季》，以国宝与文艺再创作的形式，呈现了希孟与观众的跨时空对话，首轮播出即获得了《人民日报》等国家级官方媒体的权威报道。同年12月31日，《只此青绿》精彩亮相B站跨年晚会，为青年观众带来了新颖别致的观赏体验，播出时间段内，实时在线观看观众达1.8亿人。播出12小时后，《只此青绿》单条视频观看量达46.5万次，相关话题阅读量达到3120.7万人次。播出7日内，单集视频观看量达320万人次，微博相关话题阅读量突破6500万人次。❶线上"定制版"《只此青绿》舞段让更多的年轻人了解了这部舞蹈诗剧。微博上，网友看完后感慨："时空的转盘道不尽文明的交流，一言一语都是中华文化的传承；历史的卷轴描不完祖国的山河，一笔一画都是壮丽的风景。"除夕之夜，《只此青绿》亮相中央电视总台虎年春晚，荧屏上，通过全息扫描等前沿科技手段，为观众呈现了一场视觉盛宴，尽显科技与艺术融合之美。节目一经播出，相关话题便开始频繁登上《人民日报》、新华社主流媒体和新浪微博、抖音等平台的热搜。节目中高难度动作"青绿腰"也成功"出圈"，引发了一大批专业舞者和爱好者的模仿和挑战。除了社交媒体与短视频平台，《只此青绿》在官方和新媒体端也收获了不俗的流量与关注度，央

---

❶　柳理等. 中华传统文化传播热度大数据报告（2022）［EB/OL］.（2023-02-27）［2023-10-26］. https://news.ifeng.com/c/8NkTy7jHLuI.

视网、央视频、人民网等均进行了视频发布,《中国日报》《文汇报》《潇湘晨报》、澎湃新闻等新媒体账号,新浪、网易、腾讯、搜狐等门户网站新媒体账号均对《只此青绿》进行了浓墨重彩的报道。

从剧场到春晚,从文旅演艺到院线平台,《只此青绿》的媒体曝光量达百亿级,不仅生动展示了"文物活起来"的潜力,还通过企业化运营模式,实现了社会效益与经济效益的双效合一。截至 2022 年 9 月初,《只此青绿》已在 28 个城市演出 152 场,观看人次达 18.24 万人次,演出收入超 3500 万元。同时,中国东方演艺集团有限公司已分别于 2021 年 9 月和 2022 年 2 月围绕"只此青绿"申请各类商标 20 余个,领域涵盖演出、办公日用、服装、健身、娱乐等方面,并与多家国内知名企业合作,推出"只此青绿"联名产品,以文化融入产品,以产品融入生活。"青绿"系列的保温杯、香氛明信片、多层文件夹、笔记本、丝巾发带、丝绒包等文创衍生品,在演出现场受到了广大观众的喜爱。❶演出的衍生品供不应求,拓宽拉长了 IP 产业链。《只此青绿》还先后与中粮长城葡萄酒合作,推出长城"只此青绿"联名葡萄酒;与竹叶青茶叶合作,推出"只此青绿"联名绿茶;与大麦、灵境文化推出舞蹈诗剧《只此青绿》数字藏品纪念票,精选了 5 张剧照和 1 幅书法题词,设计了 6 款纪念票,共发售 2.4 万张。这些都将作品的影响力从舞台引向社会生活,获得了良好的市场回馈。

2022 年 5 月 5 日,《只此青绿》首个 3D 数字藏品项目"曼舞"在"幻彩数藏交易平台"开始发售。"曼舞"是在《只此青绿》的"青绿"原

---

❶ 文旅中国. 最佳创新成果《只此青绿》:一场传统文化的创新浪潮［EB/OL］.（2022-12-26）［2023-10-21］.https://baijiahao.baidu.com/s?id=1753256621569153581&wfr=spider&for=pc.

型基础上进行二次创作，展现中国古典之美的同时，加入当代年轻人喜欢的 Q 版元素，通过 Q 版造型拉近了传统文化与"Z 世代"的距离，让中国传统文化生动再现，用"Z 世代"的方式把中国传统文化"玩起来"。2022 年 9 月，《只此青绿：舞绘〈千里江山图〉》新书正式对外发布，从该剧的创作历程，专家、媒体、观众等的评论以及演出运营等多重视角，梳理了该剧创演以来的诸多宝贵一手资料。创作团队对内容至臻化境的追求、运营团队对新媒体语境下传播效率的精确把握、热潮之后对公司对市场的快速反应和有效布局等，共同促成了这次成功的传统文化创新样本，形成了"现象级"的"国潮美学"全媒体传播典型案例。

（3）平台融合破解传统手工艺传承。

在现代工业技术的冲击下，泥瓦匠、木匠、漆匠等手艺人，一度沦为小众工艺，在中国匠人大会的推动下，在东家、天猫、京东等文创及电商平台的助力下，匠心文化复兴已成趋势，传统手艺人的作品在新零售时代获得更广的传播和销售，催发着传统手工艺的创新性发展。2017 年创办的中国匠人大会，是由中国手艺发展研究中心发起，中国文联、中国民间文艺家协会指导和主办，地方政府、东家 App 及多家互联网平台承办的全球华人最重量级的文化创意盛会，旨在搭建一个不同手艺门类交流融合的平台，解决中国传统手工艺传承与发展中的难题，已经成为非遗传承、传统手工艺产业、国潮文创抱团做大的嘉年华。中国匠人大会如何保持年轻人的工匠初心？如何带动"电商化匠人"取得技艺突破？如何加速文创新业态的不断涌现？如何进行直播带货？这些都是中国匠人大会集中关注的焦点问题。

淘宝、京东、抖音、快手等一批电商平台的出现，既保护了濒临失传的传统老手艺，也发掘了个性化、生活化、有历史感的年轻匠人作品，为作品带来更大的经济价值空间；既让传统手工艺得以活态传承，催生了"电商化匠人",也让这些传统匠人凭借技法发家致富。尤其是2015年创立的"东家"App,作为中国工匠大会的承办方,扩大了匠人文化的传播范围,其主打的匠人手作线上营销,以"守艺人"品牌聚拢民间手工艺匠人,用东方生活美学来强化茶、茶具、玉翠、文玩等产品的文化底色,通过线上直播、拍卖、众筹、定制、短视频展示与线下文博会、生活主题展相结合的方式,线上点击量与销售业绩可圈可点。❶ 在东家等电商平台上,匠人们可以借助电商平台的大数据分析,通过收集准确的消费数据掌握市场动向,在保护和传承传统手工艺的基础上不断调整工艺、努力创新。另外,天猫推出了"中国匠人"计划,从品牌建设、渠道管理、大数据产品创新等方面为手工艺人提供商业赋能;京东在其众筹平台推出的"逛窑记",则是试图通过众筹模式推动"有心者,人人为匠"的小目标。

在中国工匠大会的带动下,在东家、抖音等电商平台的赋能下,盛产瓷器的景德镇、盛产紫砂器的宜兴、盛产木雕的仙游等传统手工艺发源地释放出巨大活力,促进了新锐设计师和文创品牌的成长。江西景德镇徐窑的创始人徐志军,是传统御窑厂粉彩工艺的传承人。从2020年起,徐志军开始在抖音电商平台上以短视频和直播形式展示其制作的粉彩作品,进行徐窑品牌传播和产品销售,推动粉彩成交量翻了约5倍,进一步拓展了粉彩的市场空间。2022年8月,抖音作为第四届中国工匠大会的独家短视频平台,通过线上直播的方式,依托其强大的流量资源,聚拢世界各地拥有匠心、关注匠心、期待匠心的人们,共享匠心魅力。有关"匠心"的原创话题突破数十亿次播放。钟表大师大能、峨眉武术非

---

❶ 懂懂笔记. 东家、天猫、京东……匠人迎来风口背后的生态高地 [EB/OL]. (2018-05-31) [2021-10-21]. https://baijiahao.baidu.com/s?id=1601989857045437870&wfr=spider&for=pc.

遗传承人凌云,以及非遗传承人许学明、徐远渭、杨雪、李廷怀等"匠心守护人",作为抖音非遗创作者亮相大会,并荣获"第四届中国匠人大会匠心守护大使"称号。河南卫视作为独家卫视合作平台,以及成都传媒集团、凤凰、网易、中国慈善家、《三联生活周刊》、腾讯视频知识作为战略合作媒体亦全程报道,向更多关心传统文化的用户以创新的方式全方位沟通。[1] 2023 年 8 月,抖音电商进一步发挥平台内容、流量和技术优势,举办了"焕新非遗"发布会,开展非遗产业带扶持专项行动[2],通过资源支持、官方培训、平台活动等多项举措,助力传统手工艺被更多人看见,帮助手艺人、品牌和商家获得新发展。

(4)戏曲机器人链接过去与未来。

近年来,AI、VR、云计算等信息技术不断被创新应用到江苏文化领域,打造了线上线下一体化、演出不落幕的文博场馆,具有江南特色的元宇宙等公共文化服务[3],既给青年人创造了新颖的文化生活场景,也让传统文化传播有了新的解题思路。在新一代信息技术加持下,江苏公共文化云平台自 2018 年上线至今已覆盖省、市、县(区)、乡镇(街道)、村(社区)五级公共文化服务机构,江苏省演艺集团已经将三种不同层次的数字产品带进校园:全球首款戏曲机器人"艾鰼"经过两年多时间打造,已升级到第三代,可化身为京剧里的穆桂英或杨宗保、昆剧里的

---

[1] 时代快闻趣读. 匠心文化如何赋能城市发展?第四届中国匠人大会打造"成都样板"[EB/OL].(2022-08-26)[2023-10-21]. https://baijiahao.baidu.com/s?id=1742211888412237054&wfr=spider&for=pc.

[2] 任芯仪. 景德镇陶瓷在抖音电商热销,非遗传承人让传统手艺焕发新活力[EB/OL].(2023-08-17)[2023-10-22]. https://life.china.com/2023-08/17/content_234968.html.

[3] 人民融媒体. 数字技术助力传统文化"破圈"传播:文化数字化,链接遥远的过去与未来[EB/OL].(2022-08-18)[2023-10-22]. https://baijiahao.baidu.com/s?id=1741511642606765292&wfr=spider&for=pc.

柳梦梅等，将传统戏曲的服装、化妆、道具、伴奏与机器人协同匹配；无人机立体演出矩阵，可以在空中展示与戏曲相关的图案；戏文书法数字教学平台，可以让孩子们临摹《桃花扇》《牡丹亭》等戏文并打分的同时，观赏对应的戏文音频或视频表演。在南京姜家园等小学里，戏曲机器人成为戏曲文化推广的"教学用具"，伴随着京剧《穆桂英挂帅》的唱腔，十余个戏曲机器人头戴七星额子、身着华美的戏服，向小学生们展示优雅的戏曲身段和动作，直观地将现代科技与传统文化完美融合，既破解了专业戏曲演员人数有限、时间和精力有限等难题，还将传统的戏曲文化元素转化为可触可视、可互动的形式；既在无形中实现了对孩子们的传统文化熏陶，也提高了孩子们对前沿科技的兴趣。2023 年五四青年节期间，江苏省演艺集团与流行歌手李宇春携手合作，通过中央电视台与新媒体平台为全球观众呈现歌曲《木兰》的视听盛宴，实现了跨越古今的沉浸式体验，为全球观众带来一场视听与心灵的双重乐趣，实现了"艺术跨界"，让世人领略中华戏曲艺术的无限魅力，也标志着在运用新技术弘扬优秀传统文化方面前途无量，中华传统文化必将在数字时代焕发青春，在世界舞台上呈现出更丰富多彩的魅力。

可见，5G、云计算、VR、人工智能等新一代信息技术的广泛应用，为传播弘扬中华优秀传统文化开辟了新的空间和路径。依托日新月异的多样化媒体平台，可以迅速扩大优秀传统文化的时空范围，深度挖掘优秀传统文化的多样魅力，让中华优秀传统文化走进千家万户、走向世界。在国家大力倡导弘扬工匠精神、劳模精神的号召下，客观分析当前鲁班文化传播的现状，深入挖掘鲁班文化的精髓，用新一代信息技术赋能鲁班文化全媒体传播，必将促进鲁班文化的创造性转化和创新性发展。

第 3 章

鲁班文化及其工匠精神传播现状

鲁班文化是典型的中华古代工匠文化，涵盖我国工匠千百年来形成的思想观念、行业习俗、行业技艺及道德规范等内容，蕴含着精益求精、勇于创新、吃苦耐劳等精神价值，是培育当代工匠精神的文化根基。调查分析鲁班文化及其工匠精神传播现状，分析鲁班文化传播的主体、内容、传播渠道、传播效果等，均为鲁班文化全媒体传播方案设计提供现实依据。

3.1 调查设计

3.1.1 调查目的与对象

调查的目的在于通过收集问卷，了解鲁班工匠文化传播现状，分析鲁班工匠文化传播存在的问题，收集鲁班工匠文化传播优化建议，进一步提升鲁班工匠文化全媒体传播的效果。考虑到鲁班文化传播的主要受众和个人职业限制，调查对象主要为传统文化研究者、高校学生、高校教师、鲁班文化从业人员等。

3.1.2 调查问卷设计

调查问卷设计前，征集了课题研究团队教师的意见，考虑从传播内容、传播渠道、传播效果、传播策略等方面，在问卷星网站上设计了问卷初稿。初稿完成后，课题组成员进行了试填，并在此基础上，进一步完善了问卷，问卷请参见本书附录。

3.2 调查实施情况

3.2.1 调查问卷发放

本次调查在网络调查平台问卷星上发放，发放时间为 2022 年 3 月至 2022 年 5 月，调查对象可以通过网络搜索、链接、社群、二维码等方式获得问卷入口，进行问卷填答。采用此种方法，有利于通过科学的样本，尽可能精确地推论至调查总体，从而较为全面地反映当前鲁班文化的实际传播情况。

3.2.2 调查样本概况

本次调查共回收了 202 份有效问卷。从样本的地域分布上来看，调查样本覆盖了全国大多数省份，涉及 25 个省（自治区、直辖市），其中，来自鲁班故乡山东省的调查样本最多，占调查样本总数的 58.91%。从年龄来看，主要以 40 岁及以下的受访者为主要调查对象，共占 80.69%，其中 18~25 岁的被调查者占 50.00%，26~40 岁之间的占 27.72%，18 岁以下的占 2.97%（图 3.1）。因此，样本的代表性较好，能够在一定程度上反映当代年轻人对鲁班文化的认知和行为特征，适于提出较为适用的鲁班文化提升建议。

3.2.3 调查信度效度分析

将本次调查问卷的数据同步至 SPSS AU 平台中，进行信度、效度检

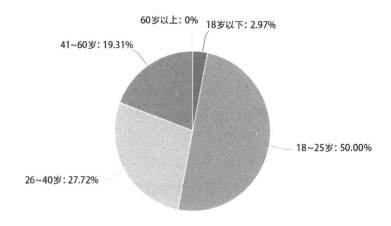

图 3.1 样本年龄分布

验，Cronbach's α 系数值为 0.824（>0.8），说明问卷一致性程度较高。KMO 值为 0.858（>0.8），说明问卷适合进行因子分析。p 值为 0.000（<0.05），说明变量之间具有相关性，因子分析有效。综合来看，该问卷信度与效度较高，可以进行进一步的数据分析。

3.3 调查结果分析

本研究通过问卷星对鲁班工匠文化传播情况进行了调研。通过调研，主要得出以下结论：

3.3.1 对鲁班文化及工匠精神的认识

通过对鲁班、工匠精神、鲁班文化的熟悉程度的调查，得到图 3.2 和图 3.3 的统计图表，通过图表可以看出，被调查者对工匠精神和鲁班较为熟悉，熟悉程度得分分别为 3.96 和 3.81（满分 5 分）。但是，对鲁班文化的认识一般（得分为 3.38 分），不如工匠精神和鲁班的熟悉程度高。因此，还有待于进一步加强鲁班文化的宣传，有待于将其和弘扬工匠精神密切结合起来。

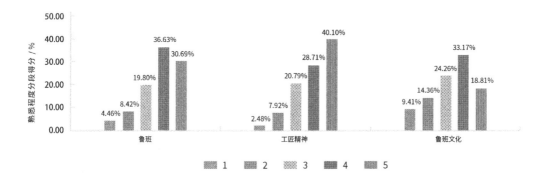

图 3.2 对鲁班文化的熟悉程度分段得分

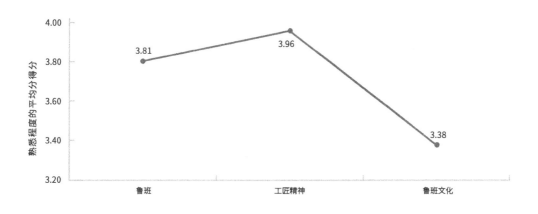

图 3.3 对鲁班文化熟悉程度的平均分得分

通过调查发现，大部分被调查者十分肯定鲁班的工匠精神，认为鲁班的工匠精神主要体现在：精益求精、刻苦钻研、技艺精湛、质量至上、开拓创新、爱岗敬业等方面（图 3.4），尤其是对精益求精、刻苦钻研、技艺精湛、质量至上等印象更为深刻，达 65% 以上。

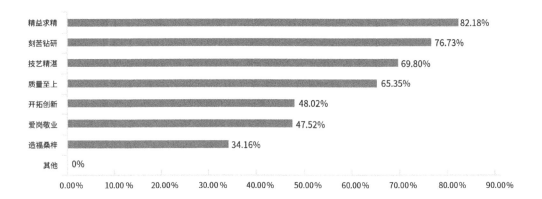

图 3.4 鲁班文化的精髓

　　在调查中还发现，82.67% 的被调查者认为，传播鲁班文化是比较重要的（评分不低于 4），69.80% 的被调查者认为，传播鲁班文化是比较紧急的（评分不低于 4），可见，大部分被调查者对加强鲁班文化传播还是比较认同的（图 3.5）。

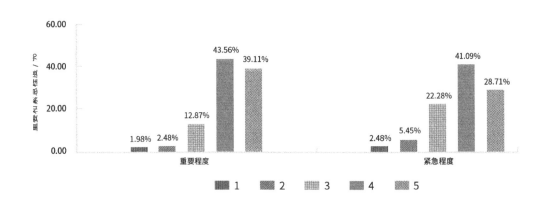

图 3.5 鲁班文化传播的重要和紧急程度

3.3.2 鲁班文化传播的内容

通过对鲁班文化资源的了解状况调查发现，对被调查者而言，他们比较熟悉的是鲁班发明（占 73.76%）、鲁班工匠精神（58.91%）和鲁班传说（52.48%）。仅有 35.15% 的人了解鲁班生平；有 32.18% 的人了解鲁班工艺。大部分人对鲁班文化场馆（17.33%）、鲁班经（12.87%）、鲁班庙（11.39%）等其他鲁班文化资源了解较少。

通过对鲁班文化的传播内容的重要程度调查发现（图 3.6、图 3.7），58.42% 的被调查者认为传播鲁班工匠精神最为重要（重要程度得分 4.35 分，满分 5 分），46.53% 的被调查者认为传承鲁班技艺最重要（重要程度得分4.1 分）；同时，鲁班发明器具（3.95 分）、鲁班民俗（3.79 分）、鲁班传说（3.74 分）、鲁班曲艺（3.7 分）等内容的重要程度也较高，而由于大部分被调查者对《鲁班经》知之甚少，因此，《鲁班经》重要程度的得分较低，仅为 3.55 分。

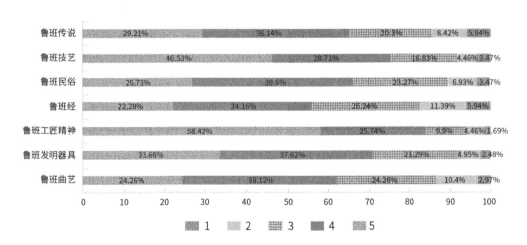

图 3.6 鲁班文化传播内容的重要程度 1

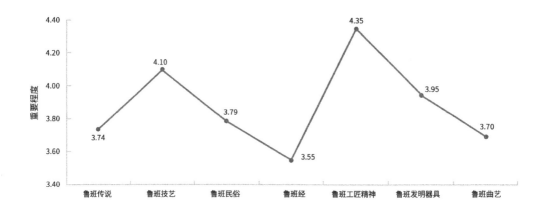

图 3.7 鲁班文化传播内容的重要程度 2

3.3.3 鲁班文化传播的渠道

通过对鲁班文化的了解渠道调查发现，得到图 3.8 所示的统计图表，通过图表可以看出，被调查者主要是通过鲁班民间传说来了解鲁班文化的，占 73.76%，其次是鲁班文化网站、鲁班纪念场馆、鲁班相关动画片、鲁班经等书籍、鲁班科技文化节和鲁班相关游戏等，而对鲁班有关小说、鲁班奖相关活动、鲁班冠名公司等渠道了解不多。

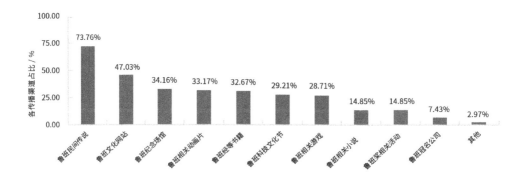

图 3.8 鲁班文化现有的传播渠道

　　而对于公众知晓度较高的工匠精神（图 3.9），主要是通过纪录片（62.38%）、手机新闻（52.48%）、学习强国（48.02%）等渠道传播的，因此，在弘扬鲁班的工匠精神时，也可以加强对这些传播路径的利用。

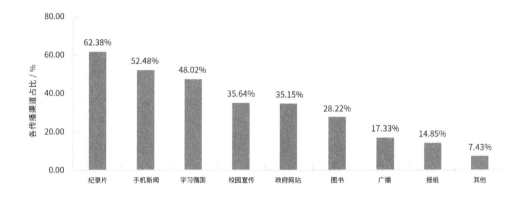

图 3.9 工匠精神的传播渠道

3.3.4 鲁班文化传播存在的问题

　　通过对鲁班文化传播存在的问题进行调查发现，50.99% 的被调查者认为鲁班文化传播效果一般（图 3.10）。其中，以传播空间局限在鲁班故里等有限范围内的问题最为突出，占比 65.35%；其次是传播内容局限，主要局限于鲁班传说、发明等内容，占比 58.91%。另外，有 44.06% 的被调查者认为，线下为主的传播方式也是主要的问题；36.63% 的被调查者认为，没有与工匠精神传播结合，也是存在的主要问题。在其他选项中，有被调查者指出：口号大于行动、牵强附会贴标签、传播形式老旧、缺少时代特点、吸引力差、缺乏对鲁班工匠精神及"鲁班"非物质文化遗产的当代研究与传承，也是存在的主要问题。

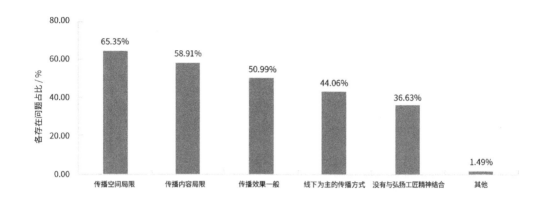

图 3.10 鲁班文化传播存在的问题

3.3.5 鲁班文化传播的建议

通过对如何加强鲁班文化传播进行调查发现（图 3.11），50% 以上的被调查者认为，应建设鲁班文化场馆线上展厅、加强鲁班文化网站建

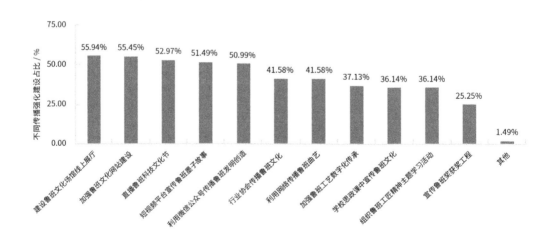

图 3.11 鲁班文化传播强化建议

设、直播鲁班科技文化节等活动、利用短视频平台宣传鲁班墨子故事、利用微信公众号传播鲁班发明创造；40% 以上的被调查者认为，应利用网络传播鲁班曲艺、行业协会应加强鲁班文化传播；30% 以上的被调查者认为，应加强鲁班工艺的数字化传承、在学校思政课中宣传鲁班文化、组织鲁班工匠精神主题学习活动；25% 以上的被调查者认为，可以通过宣传鲁班奖获奖工程加强鲁班文化传播。在其他选项中，有 1.49% 的被调查者认为，应将鲁班文化宣传寓教于乐，不要去刻意说教，不能泛泛"鲁班 +"，应加强鲁班及鲁班精神的本体研究。

调查发现，鲁班文化传播的责任主体主要包括：文化宣传部门、中小学、行业协会、文化研究所、鲁班冠名企业、职业院校、文化馆等（图 3.12）。其中，75.25% 的被调查者认为，文化宣传部门承担着鲁班文化传播的主要责任；其次是中小学，占比达 60.89%；再次是相关行业协会、文化研究所，占比均达 53.96%。此外，文化馆（44.55%）、鲁班冠名企业（41.09%）、职业院校（40.59%）等机构，也是鲁班文化传播的主

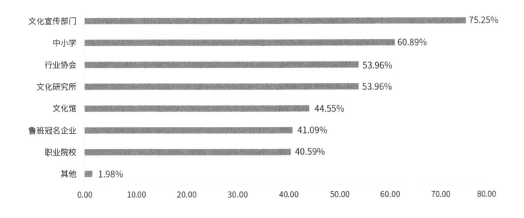

图 3.12 鲁班文化传播的责任主体

体。另有 1.98% 的被调查者认为，在新媒体环境下，鲁班故里、鲁班奖获奖工程项目、鲁班技艺传承人等相关机构和个人，均可以利用网络环境强化鲁班文化传播。

调查发现（图 3.13），被调查者较为感兴趣的鲁班文化学习途径主要包括：观看鲁班视频、鲁班工艺观摩学习、体验鲁班民俗活动、参加社团文化活动、参观文化场馆等。其中，62.38% 的被调查者认为，观看视频是最感兴趣的鲁班文化学习途径；其次是鲁班工艺观摩学习，占比达 60.4%；再次是体验鲁班相关的民俗活动，占比达 56.44%。另外，参加社团文化活动、参观文化场馆的学习途径效果也较好。还有部分调查者对知识竞赛、图书阅读、网络游戏、网页浏览、收听音频节目等途径较感兴趣。有近 1% 的被调查者认为，走访民间传承人、传承鲁班非遗技艺也是很好的学习途径。

综上所述，当前鲁班文化传播已经取得了一定的效果，大部分被调查者认为鲁班文化蕴含着丰富的工匠精神，鲁班传说、鲁班发明等文化

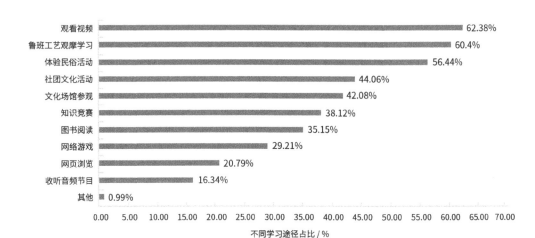

图 3.13 感兴趣的鲁班文化学习途径

资源知晓度相对较高，《鲁班经》、鲁班庙等文化资源载体接触较少，鲁班文化传播还存在传播空间局限、传播形式老旧、缺乏时代特点等问题，亟待汲取工匠精神传播经验，由文化宣传部门主导，由政企产学研协同合作，构建鲁班文化全媒体传播体系。

鲁班文化资源以鲁班纪念馆、鲁班传说、鲁班文化节等多种传统形式存在。

第 4 章

鲁班文化全媒体传播面临的挑战与机遇

以传统方式为主的鲁班文化传播，其传播时长和空间范围有限，传播效果也会随着时空的变化及技术的变革逐渐递减。近年来，由于社会历史环境的变化及工业化的发展，部分承载其工匠精神的历史遗迹、器物、工艺、民俗等文化资源，也逐渐受到传播威胁，亟待采用数字化方式进行新媒体传播。因此，本章在前期调研的基础上，结合社会需求变化和国家文化数字化政策要求，分析鲁班文化传播面临的挑战与机遇。

4.1 传统的鲁班文化传播面临多重挑战

近年来，鲁班文化传播主要面临以下挑战。

4.1.1 传统方式的传播时空有限

鲁班文化资源以鲁班纪念馆、鲁班传说、鲁班文化节等多种传统形式存在。以传统的、线下方式为主的鲁班文化传播，或得益于有形的文化载体，或得益于区域性的民间文化传播，或得益于工艺精湛的鲁班传人，其传播范围主要局限于山东滕州、山东曲阜、安徽休宁、云南等鲁班文化胜地，其传播效果会随着时空的变换逐渐递减，其传播范围也会随着时间的推移而逐渐缩小。因此，亟待强化互联网思维，利用信息通信技术以及互联网平台，让互联网与鲁班文化传播进行深度融合，拓宽鲁班文化传播的时空范围，实现鲁班文化的创新性发展和创造性转化。

4.1.2 部分鲁班文化资源面临威胁

在各类鲁班文化资源中，尤其以鲁班工艺的传承受到的威胁表现最为明显。隐含于土家凉亭桥建造工艺中的鲁班字，是土家木匠用于注记加工成型的木质建筑构件顺序的标记符号。常用的鲁班字有 22 个字，分别是：东、西、前、后、上、中、下、步、山、大、小、斗、腰、檐、柱、（穿）枋、棋、挑、檩、（座）板等。土家凉亭桥建造工艺主要包括选址，择日，备料（木、石、瓦），祭河，砌墩，工料，编梁，排扇，立扇，上梁，置瓦，建坛，祭祀等程序。然而，不仅土家凉亭桥建修技艺濒临失传，能完全书写鲁班字的艺人也少之又少。❶又如德胜—鲁班（休宁）木工学校虽然头顶"中国第一所木工专业学校"和安徽省非物质文化遗产传习基地的光环，却连续多年招不满学生。❷

可见，在工业化和信息化环境下，依靠传统方式传播鲁班文化资源的路径效率低下，无法满足当代非物质文化遗产保护的需要。如何在信息化和工业化融合环境下，探求适合当代人们行为习惯的文化资源传播方式，对保护鲁班文化相关资源至关重要。作为百工祖师，鲁班文化资源形式多样，纷杂无序，这也为鲁班资源的数字化建设带来了机遇与挑战。

4.1.3 融媒体传播思维缺位

加快构建融为一体、合而为一的全媒体传播格局，是互联网时代传媒发展的需要。随着全媒体不断向纵深方向发展，传统的媒体格局和媒介环境都发生了深刻的变化。然而，鲁班文化在进行大众传播时，主要

---

❶　黎代华. 凉亭桥［EB/OL］.（2018-02-26）［2023-10-22］. http://www.lsnews.net/LSNEWS/MinCouGongYi/6885.html.

❷　王立武，杨丁淼. "金饭碗"无人要——徽派木工技艺遭遇传承困境［EB/OL］.（2014-03-20）［2023-10-25］. http://news.xinhuanet.com/local/2014/03/20/c_119870699.htm.

采用较为正统的方式，多以科教普及、工匠竞技、柳琴戏表演等形式进行，对新技术和新形式的采用呈现出保守态度。在场景空间上主要局限于文化场馆、演播厅等，在传播方向上呈现出"传→授"的单向模式，在传播渠道上多局限于电视终端、报刊书籍等传统媒体，呈现出传播媒介的单一性，在传播技术应用上，存在对新技术、新手段的尝试和应用驱动力不足的问题。因此，导致一些优秀的鲁班文化资源难以向更大范围传播，用户的互动性和体验感较弱，没有调动起受众参与的积极性。

4.2 社会需求变化要求鲁班文化进行全媒体传播

4.2.1 网络视听引领文化传播变革

2019 年开始，网络直播、短视频兴起，催生了电商直播、电商短视频、边看边买等新型商业模式。在"视听+"引领下，短视频、直播还渗透公益、教育、文旅等多元领域，助力乡村振兴、非遗传承、知识普惠等。❶这不仅为网络视听行业带来用户增量，还极大地提升了其商业价值和社会效益。尤其是近年来，中国网络视听产业持续迅猛发展，在引领文化强国建设中承担着越来越重要的使命。据第 52 次《中国互联网络发展状况统计报告》显示，截至 2023 年 6 月，我国网民规模达 10.79 亿人，较 2022 年 12 月增长 1109 万人，互联网普及率达 76.4%❷，手机

---

❶ 信网. 中国网络视听大会十年：用精品讲好中国故事［EB/OL］.（2023-04-10）［2023-10-22］. https://baijiahao.baidu.com/s?id=1761703240225445200&wfr=spider&for=pc.
❷ CNNIC. 第 52 次《中国互联网络发展状况统计报告》［EB/OL］.（2023-08-28）［2023-10-22］. https://www.cnnic.net.cn/n4/2023/0828/c88-10829.html.

网民规模达 10.76 亿人，较 2022 年 12 月增长 1109 万人，网民中使用手机上网的比率为 99.8%。不同地区、不同年龄的网民构成广大用户基础，流量型、资金型等不同形式的数字消费活力持续释放，推动了即时通信、网络视频、搜索引擎、网络新闻、网络直播、网络游戏、网络文学、网络音频等应用的普及推广，数字化产品及服务加速渗透人们的日常生活、学习、工作、交流等场景。尤其是短视频、网络直播的用户规模增长显著。2018 年至 2023 年 6 月，网络视频用户规模从 6.48 亿人增长至 10.44 亿人（其中含短视频用户规模为 10.26 亿人）；用户使用率从 78.2% 增长至 96.8%，增长了 18.6 个百分点，与第一大互联网应用（即时通信）使用率间的差距由 17.4 个百分点缩小至 0.4 个百分点，网络直播用户规模也增长至 7.65 亿人，充分体现了网民对网络视频和网络直播的喜爱。2023 年 3 月发布的《中国网络视听发展研究报告（2023）》报告显示，我国短视频用户的人均单日使用时长为 168 分钟，综合视频的人均单日使用时长为 120 分钟；获取新闻资讯及学习相关知识成为用户收看短视频的重要原因。❶

与此同时，短视频平台不断加大直播内容供给，拓展直播边界，直播多元化趋势进一步显现，非遗传承、知识普惠、助农惠农、线上招工、线上相亲等直播类型不断成熟。截至 2022 年年底，快手已有近 400 种类型直播，其中助农扶农、科普教学等五类直播最受用户欢迎。2021 年 9 月—2022 年 8 月，抖音平台演艺类直播打赏收入同比上涨 46%，线上直播打赏成为诸多县级戏曲剧团的重要收入来源之一。随着网络视听行业的飞速发展和市场竞争的加剧，用户对优质内容的需求与日俱增。因

---

❶　封面新闻.《中国网络视听发展研究报告 (2023)》［EB/OL］.（2023-03-29）［2023-10-22］. https://baijiahao.baidu.com/s?id=1761703240225445200&wfr=spider&for=pc.

此，努力创作生产更多传播当代中国价值观念、体现中华文化精神、反映中国人审美追求，思想性、艺术性、观赏性有机统一的优秀作品，促进网络视听内容的精品化成为众望所归。"95后"UP主、北京大学硕士毕业生、"2022北京榜样"年度榜单人物、国家级非物质文化遗产北京"面人郎"第三代传承人郎佳子彧，自幼受家庭熏陶，三岁与父亲郎志春学艺，至今逾20年，立志发扬传播优秀传统文化，弘扬传统艺术。❶郎佳子彧将作品与自媒体相结合，通过直播讲解面塑技艺，如今的粉丝量已超过200万人，不但带火了传统的捏面人，也让自己成为了一个流量"IP"，让更多的人看到面塑这门老手艺的新玩法。郎佳子彧的面塑作品活灵活现，可爱俏皮的"冰墩墩""雪容融"，桀骜不驯的"黑眼圈"哪吒，又"燃"又帅的灌篮高手，让人忍俊不禁的经典"葛优瘫"等形象，均以面塑作品的形式在网络短视频平台上呈现，吸引了一大批"粉丝"驻足观看。郎佳子彧还在推广传播上下功夫，2020年和朋友们成立了"春喜工作室"，致力于非遗的网络推广传播和文创产品开发。团队的小伙伴们常常头脑风暴，从如何确定新媒体运营的选题，到如何为入门的爱好者制定课程，从如何帮助学习者解决面塑材料来源，再到致力于相关文创产品的开发，研讨的话题主要与新媒体运营相关，也成功地将郎佳子彧打造成了非遗"网红"。2022年2月5日，习近平总书记在人民大会堂会见参与冬奥开幕式的外国元首，郎佳子彧作为青年一代非遗传承人展示面塑作品与技艺，为各国元首现场展示了冬奥吉祥物冰墩墩的创作过程，传播中国传统文化。他与摩纳哥亲王的互动过程在社交媒体平台广泛传播，向世界展示了中国传统文化和中国青年的风采，用面塑构

---

❶ 韩轩.北大硕士、非遗"网红"，这位面人郎还是位"北京榜样"［EB/OL］.（2023-03-30）［2023-10-22］.https://baijiahao.baidu.com/s?id=1761755488475450732&wfr=spider&for=pc.

筑了中外友谊的桥梁。❶作为"95后"非遗传承人，郎佳子彧在继承传统美学的基础上把握时代脉搏，借助各种新型传播方式，致力于扩大非遗技艺的影响力。鉴于其用新媒体展现了老手艺，用年轻人的话语讲好非遗故事，郎佳子彧成功当选"2022北京榜样"的年榜人物。其成功经验表明，网络视听正在引领传统文化的传播变革，利用全媒体讲好中国故事，传播中华优秀传统文化，正在成为新的发展趋势。

4.2.2　工匠精神培育社会需求旺盛

2016年，时任总理李克强在政府工作报告中提出，要大力弘扬工匠精神。"工匠精神"遂成为2016年"十大流行语"之一，国内也迅速掀起了工匠精神研究热潮。鲁班作为"百工圣祖"，勤于钻研、善于创新、精益求精，是中华民族工匠精神的代表人物。弘扬鲁班文化、传承鲁班工匠精神，既是中华优秀传统文化传播的重要组成部分，又是推进山东省新旧动能转换的文化力量。工匠精神是一种在工作中追求精益求精的职业态度和精神理念❷，可以采用思政教育、就业创业教育、专业教育、实践教育、校园文化熏陶等途径培养学生的工匠精神。❸在中国文化中，工匠精神体现为"尚巧"的创新精神、"求精"的工作态度、"道技合一"的人生理想。在西方文化中集中体现为追求完美与极致的理念。工匠精神涵括：尊师重教的师道精神、一丝不苟的制造精神、求富立德的创业

---

❶ 北京榜样主题活动官网. 郎佳子彧："面人郎"第三代用传统技艺融汇古今［EB/OL］.（2023-05-09）［2023-10-23］. https://www.bjwmb.gov.cn/bjby/pxbd/2022/05/02/888173.html.

❷ 肖群忠，刘永春. 工匠精神及其当代价值［J］. 湖南社会科学，2015（06）：6-10.

❸ 王丽媛. 高职教育中培养学生工匠精神的必要性与可行性研究［J］. 职教论坛，2014（22）：66-69.

精神、精益求精的创造精神、知行合一的实践精神。❶工匠精神的当代培育既要注重传统工匠精神的历史传承，更要契合当代经济和社会发展的现实需要，可以从"匠德""匠心""匠知""匠行""匠道""匠术"等维度，培育工匠精神。❷在工匠精神传播过程中，纪实影像起到了重要作用。中央电视台先后播出的《手艺》《留住手艺》《传承》等纪录片，为工匠精神的传播开拓了良好的渠道。❸

鲁班文化彰显着积极创新的工匠精神，对众多行业都具有重要的参考价值。❹鲁班文化作为形成于民间的传统工匠技艺文化，其根脉一直延伸到当今生活的多个行业领域，伴随着国家民众生活和社会的发展而不断发展。❺鲁班文化的精神内涵包括精益求精、持之以恒、敢于创新、与实践相联系等。鲁班工匠精神作为我国工匠精神的典范，实现其现代传承是培育大国工匠的关键所在。❻建筑业是最能体现"工匠精神"的行业，"对产品精雕细琢、追求完美和极致"的工匠精神理念对建筑业提高工程品质、促进行业健康发展至关重要。在建筑业，宣传鲁班文化，其核心就是要更好地弘扬工匠精神，以鲁班作为一种象征，以建筑行业文化建设为契机，来推动建筑行业在新常态下实现转型升级。通过潜移默化的文化建设，使中国建造走向世界，使中国成为名副其实的建

---

❶ 李宏伟，别应龙. 工匠精神的历史传承与当代培育[J]. 自然辩证法研究，2015，31（08）：54–59.

❷ 唐衍军. 国家审计人员工匠精神的内涵与文化滋养[J]. 财会通讯，2018（01）：108–110,129.

❸ 臧海亮，陈珂. 新媒体传播研究[M]. 青岛：中国海洋大学出版社，2018：20.

❹ 尹慧杨. 鲁班文化对中国传统造园理念的影响研究[D]. 济南：山东建筑大学，2016.

❺ 李国江. 鲁班文化传统内涵及现代价值[J]. 人文天下，2017（22）：22–26.

❻ 李国良，周向军. 鲁班工匠精神的现代传承[J]. 齐鲁师范学院学报，2017，32（05）：7–13.

筑强国。❶因此，立足"鲁班文化"根基，借助鲁班文化的影响力，不仅有助于推进工匠精神的培育进程❷，也有助于提升建设类院校学生的"工匠精神"培养效果。❸

4.2.3　网民线上文化消费需求持续增长

从传统文化消费方面看，2019 年 11 月 9 日发布的《数字新青年研究报告》显示❹，有近九成的年轻人对传统文化有兴趣；有八成年轻人通过网络了解传统文化，远超过传统的学校教育和文化场所实地参观；有近七成的年轻人希望通过游戏动漫了解传统文化；在购买文创产品方面，数字新青年愿意"为爱买单"，也讲究实际；他们在参观时不爱走寻常路，愿意通过电子导览重点观看感兴趣的部分；在学习传统文化时，他们渴望专业指导和同伴交流；他们也愿意自己创造，每年有近 10 万年轻人参加故宫和腾讯主办的"Next Idea"创新大赛。"90 后"和"00后"更多地通过网络了解传统文化。例如很多"00 后"年轻人是通过易烊千玺的《丹青千里》歌曲知道故宫博物院的千里江山图。他们还去社交媒体上自发传播《千里江山图》作者王希孟的生平与这幅画的创作背景，并引用了大量相关历史文献。新浪微博上的相关话题引起了近1500

❶　郭庆军，吴杰. 建筑行业"工匠精神"的传承与发展［J］. 建筑经济，2017，38（05）：8-11.
❷　曹兴琴，马勇. 从"鲁班文化"看现代中国工匠精神的培育［J］. 苏州市职业大学学报，2016，27（04）：65-68.
❸　薛德祥. 立足"鲁班文化"的高职生"工匠精神"培育与实践［J］. 中国职业技术教育，2016（35）：93-95.
❹　数字新青年，是这样打开传统文化的［EB/OL］.（2019-11-12）［2023-10-21］. https://new.qq.com/omn/20191112/20191112A0HVLS00.html.

万人次的讨论和 3.5 亿人次的阅读量，充分展示了数字时代为传统文化传播带来的魅力和影响。

2021 年 5 月，百度与人民网研究院联合发布的《百度 2021 国潮骄傲搜索大数据》报告显示❶，在 2011 年至 2021 年的十年间，"国潮"的关注度上涨超过 5 倍，国产电影、游戏、动漫等文化产业热度激增，2021 年 "国货" 品牌关注度达到 "洋货" 品牌的 3 倍。在该年度 "国人最关注的十大国潮话题" 中，"国货数码""国潮服饰""国货美妆"位列前三，此外还包括国产影视、"国漫""国游"、中国音乐、中国文学、中国美食、文化遗产和大国科技。近十年 "国潮文化" 的相关搜索热度上涨 128%，反映出人们对传统文化需求的热度在不断增加，从《哪吒之童魔降世》到《大鱼海棠》，从《舌尖上的中国》到《国家宝藏》，从《中国诗词大会》到《见字如面》，国产电影、游戏、动漫等文创内容相继诞生 "爆款"，文艺繁荣的大国之潮已然到来。

从年龄分布来看，"00 后""90 后" 是最关注国风文化的人群。"95 后" 是关注 "国潮文化" 短视频的主要群体，而 60 岁以上用户比较关注古镇文旅、非遗传统、老字号品牌等。直播、短视频、影视综艺、文创、文旅成为近十年 "国潮文化" 关注度暴增的五大主要载体，深受年轻人追捧，特别是 "95 后"，是关注 "国潮文化" 短视频的主要群体。2021 年的《bilibili 年度国风数据报告》显示，2021 年，"B 站"（bilibili）国风爱好者人数超 1.77 亿人，18~30 岁的年轻人在观众当中占比约 70%。2021 年 12 月，《2021 "B 站" 创作者生态报告》显

---

❶ 于娇. 百度 2021 国潮搜索大数据：国潮热度十年上升 528%，科技、文化助推国货［EB/OL］.（2021-05-10）［2023-10-23］. https://baijiahao.baidu.com/s?id=1699342925480546990&wfr=spider&for=pc.

示，截至 2021 年 10 月，B 站全站国风类视频投稿量已超 200 万份，从诗词歌赋到美食妆造，"B 站"国风爱好者在作品中深度再现传统文化之美。与此同时，《抖音直播 2021 年度生态报告》显示，2021 年度抖音传统文化类直播同比增长 100 万场，传统文化类主播收入同比增长 101%，也从间接上反映了网民线上文化消费需求的持续增长态势。2023 年 2 月，凤凰网和敦和基金会联合发布的《中华传统文化传播热度大数据报告（2022）》❶显示，关注过传统文化相关内容的受访者，总计达 99.05%，其中表示"比较关注"的占到 62.69%。有意愿接受传统文化教育的受访者占到 97.36%，其中近五成（46.55%）受访者表示愿意系统性接受传统文化教育，也充分体现了网民旺盛的线上传统文化消费需求。

4.3　鲁班文化全媒体传播面临的机遇

4.3.1　国家政策支持传统文化全媒体传播

2015 年 10 月，首届互联网＋中国传统文化产业峰会在北京举行，中国经济网文化产业频道特邀专家西沐指出，互联网为传统文化带来了新形态、新机遇、新平台。利用全媒体传播中国传统文化，既是使命也是机遇。据艾媒咨询（iMedia Research）调查显示，网络已经成为网民了解传统文化的首要渠道。与此同时，在网络快餐文化的影响下，部分传统文化由于地域限制、传播力度欠缺等原因，正面临着逐渐流失的

---

❶　中华传统文化传播热度大数据报告（2022）［EB/OL］.（2023-02-17）［2023-10-22］.
https://ishare.ifeng.com/c/s/v0029-_ItD2qq-_JrGjmV06Q3OFhvFPrhXZV8mq10aDgm9Aa8__.

局面❶，亟待加强与互联网融合，提升现代传播能力。艾媒咨询《互联网＋传统文化发展专题报告（2016）》指出，"互联网＋"激发文化消费意愿，推动传统文化广泛传播，为传统文化注入新鲜血液，传统文化应该利用互联网从传统文化资源分配和网络传播等方面进行更深度的革新，从而促进国内传统文化产业升级。❷

2017 年 1 月，中共中央办公厅、国务院办公厅印发的《关于实施中华优秀传统文化传承发展工程的意见》指出，要"综合运用报纸、书刊、电台、电视台、互联网站等各类载体，融通多媒体资源，统筹宣传、文化、文物等各方力量，创新表达方式，大力彰显中华文化魅力。实施中华文化新媒体传播工程。充分发挥图书馆、文化馆、博物馆、群艺馆、美术馆等公共文化机构在传承发展中华优秀传统文化中的作用"❸。2017 年 4 月，文化部发布的《关于推动数字文化产业创新发展的指导意见》指出，要"实施数字内容创新发展工程，鼓励对艺术品、文物、非物质文化遗产等文化资源进行数字化转化和开发，实现优秀传统文化资源的创造性转化和创新性发展""实施网络内容建设工程，大力发展网络文艺，丰富网络文化内涵，推动优秀文化产品网络传播。鼓励生产传播健康向上的优秀网络原创作品，提高网络音乐、网络文学、网络表演、网络剧（节）目等网络文化产品的原创能力和文化品位。"

2019 年 3 月，习近平总书记在《求是》杂志发表的《加快推动媒体

❶ 艾媒咨询. 2015 中国"互联网＋"传统文化发展专题报告（附下载）－艾媒网［EB/OL］.（2015-12-22）［2023-10-22］. https://www.iimedia.cn/c460/40008.html.

❷ 艾媒＆灵机文化. 2016 中国"互联网＋"传统文化发展专题报告－Useit 知识库［EB/OL］.（2016-12-07）［2023-10-22］. https://www.useit.com.cn/thread-14037-1-1.html.

❸ 中国政府网. 中共中央办公厅 国务院办公厅印发《关于实施中华优秀传统文化传承发展工程的意见》［EB/OL］.（2017-01-25）［2023-10-22］. https://www.gov.cn/zhengce/2017-01-25/content_5163472.htm.

融合发展　构建全媒体传播格局》文章指出，"推动媒体融合发展，要统筹处理好传统媒体和新兴媒体、中央媒体和地方媒体、主流媒体和商业平台、大众化媒体和专业性媒体的关系。""要形成资源集约、结构合理、差异发展、协同高效的全媒体传播体系。""让主流媒体借助移动传播，牢牢占据舆论引导、思想引领、文化传承、服务人民的传播制高点。"❶ 2020 年 9 月，中共中央办公厅、国务院办公厅印发《关于加快推进媒体深度融合发展的意见》，明确提出要"逐步构建网上网下一体、内宣外宣联动的主流舆论格局，建立以内容建设为根本、先进技术为支撑、创新管理为保障的全媒体传播体系"❷。2022 年中共中央办公厅、国务院办公厅印发的《"十四五"文化发展规划》指出，要"深入实施中华优秀传统文化传承发展工程，加强中华文明探源和考古研究成果、中华文化典籍等全媒体传播"，并设立了中华优秀传统文化传承发展和历史文化遗产保护专栏，开展国家古籍保护及数字化工程、"让文物说话"展览精品工程、中华文化传承出版、戏曲传承振兴、中华文化新媒体传播、非遗传承发展等专项工程，建设中华优秀传统文化传承发展国家级融媒体平台，运用互联网新媒体开展中华优秀传统文化网络传播。❸

4.3.2　传统文化全媒体传播经验可资借鉴

互联网环境给传统文化产业带来冲击的同时，也带来了转型升级的

---

❶ 习近平. 加快推动媒体融合发展 构建全媒体传播格局［J］. 求是，2019（06）：3-8.

❷ 中共中央办公厅国务院办公厅印发《关于加快推进媒体深度融合发展的意见》［J］. 中国广播，2020（11）：28.

❸ 中国政府网. 中共中央办公厅 国务院办公厅印发《"十四五"文化发展规划》［EB/OL］.（2022-08-16）［2023-10-22］. https://www.gov.cn/zhengce/2022-08/16/content_5705612.htm.

机会。近年来，文化产业开始探索互联网与文化的加速融合，尝试利用互联网平台让中国传统文化"活"起来。比较典型的代表有故宫博物院、敦煌研究院等机构。

（1）故宫博物院。

近年来，故宫博物院加速网络化建设。2001 年 7 月 16 日，故宫博物院网站开通，标志着具有 90 多年历史的故宫博物院迈向数字时代。2002 年 9 月，故宫网站获得由文化部颁发的"盛大网络杯中国优秀文化网站"（文物类）称号。2007 年 9 月，获得该年世界信息峰会大奖"最佳电子文化项目中国提名"。2014 年在文化部网站群绩效评估中获得"在线服务领先奖"，2015 年获得"年度最佳奖"，2016 年获得"在线服务领先奖"。2017 年 5 月全新改版的故宫博物院网站上线试运行，改版后的网站突出了为参观群众、中国传统文化爱好者、历史文化和博物馆专业人员服务的宗旨，力争使网站成为人们了解故宫博物院、亲近中华传统文化的最佳捷径。近年来，故宫博物院开发的"掌上故宫""每日故宫""故宫展览"等每天点击量超过 100 万次，让文物走进千家万户，让更多人通过网络领略故宫的壮美。❶

除了加强网络建设外，故宫博物院还打造了一系列经典的传统文化纪录片，加强数字文物库建设。《我在故宫修文物》《如果国宝会说话》等爆款走红，也带火了"文博热"。统计数据显示，改革开放 40 年来，我国博物馆数量从 1978 年的 349 家增长到现在的 5136 家，2018 年参观人数超过 10 亿人次。❷《我在故宫修文物》是由中央电视台出品的一部三集

❶ 国家数字文化网. 两会聚焦"互联网＋文化"［EB/OL］.（2019-03-07）［2023-10-22］. http://www.ndcnc.gov.cn/zixun/yaowen/201903/t20190307_1405188.htm.

❷ 李政葳. 构筑互联网时代文化新生态［EB/OL］.（2019-03-10）［2023-10-22］. https://baijiahao.baidu.com/s?id=1627599311802248712&wfr=spider&for=pc.

文物修复类纪录片，在中央电视台电视栏目《纪录片编辑室》中播出，重点记录故宫书画、青铜器、宫廷钟表、木器、陶瓷、漆器、百宝镶嵌、宫廷织绣等领域的稀世珍奇文物的修复过程和修复者的生活故事。《如果国宝会说话》是由中央电视台纪录频道制作，中宣部、国家文物局、中央电视台共同实施的国家涵养工程百集纪录片，2019年，该片入选庆祝新中国成立70周年推荐展播纪录片、动画片目录，并荣获第十五届精神文明建设"五个一工程"奖。该片用100件国宝述说中国古人的创造力，共100集，每集5分钟，通过讲述一件文物，介绍国宝背后的中国精神、中国审美和中国价值观，以全新视角带人们领略感悟中华文化。2019年，故宫博物院还推出了线上数字文物项目"数字文物库"。在公开186万余件藏品基本信息的基础上，首批精选了5万件文物高清数字影像向社会公布，以此扩大文物数据资源开放力度，激活数字文物的价值。截至2023年5月，"数字文物库"浏览量超3300万次，是故宫博物院官网上最受公众欢迎的数字产品。在2023年5月18日国际博物馆日当天，故宫博物院向社会发布2万件院藏文物高清数字影像，"数字文物库"文物总数超过10万件。❶除文物数量增加外，"数字文物库"在搜索技术上也有较大突破，比如可利用知识图谱的技术来关联相关文物，还可以通过颜色、纹饰、器型等关键词进行检索，即使关键词比较模糊，或者是文物的名称中并没有该关键词，也可以智能匹配到某件文物。

此外，故宫博物院还积极与互联网平台企业合作，通过联合布展、技术创新等手段加强故宫文创产品的推广。2021年12月，故宫博物院与腾讯合作，基于故宫博物院20余年来利用摄影测量、激光扫描等三

---

❶ 刘佳璇. 数字化助力"文博热"［EB/OL］.（2020-10-23）［2023-10-25］.
https://baijiahao.baidu.com/s?id=1772269694593156121&wfr=spider&for=pc.

维采集技术制作而成的建筑及文物的超高精度三维数据,打破物理空间限制,在深圳海上世界文化艺术中心联合举办了"'纹'以载道——故宫腾讯沉浸式数字体验展",将故宫文物展览"搬运"到距离故宫博物院 2000 公里外的深圳,向大众展示了"故宫最大裸眼 3D 文物",让文物实现 22 倍高清放大,使观众在千里之外体验到实物展难以感受的丰富细节,以数字技术助力文化遗产焕发新的活力。❶ 2022 年,故宫博物院联合百度输入法上新了"故宫·岁时节日版"皮肤,以中国节日科普键盘的形式,传播中国传统节日文化习俗,主要覆盖了七夕、重阳、中秋、冬至、春节、元宵、上巳、花朝、端午等九大节日,让网民在打字间隙学习节日冷知识。❷ 例如在端午的皮肤中,设计了赛龙舟习俗场景,讲解了端午节的来历和习俗,并融入了粽子、宫猫、船桨等元素,营造了满满的节日氛围。不仅增强了键盘的设计感和趣味性,也拓宽了年轻人接触了解传统文化的渠道,让他们在使用互联网工具的同时,轻松地了解并传承中华优秀传统文化。2022 年 4 月 8 日,故宫博物院与阿里合作,在阿里平台拍卖故宫的太和瑞兽系列数字藏品,销售太和瑞兽脊兽全套十只,每一款限量 1 万份,起拍价 1 元,直购价仅需 29.9 元,为期十天,用户可以通过淘宝 App 进入购买入口。当晚就吸引了近 14 万人围观,其中的单品麟龙围观人数最多,达 13 万余人次,1400 余人报名参拍,可见人们对故宫数字藏品的喜爱。❸ 2023 年 4 月,故宫博物院

---

❶ 雅昌艺术网. 全感沉浸 + 裸眼 3D + 千年文脉数字演绎:深圳必看酷展〔EB/OL〕. (2021-12-20)〔2023-10-22〕. https://m.thepaper.cn/baijiahao_15900381.

❷ Z 视介. 情系端午,百度智慧输入与故宫中国节梦幻联动,AI 科技与传统文化的完美碰撞〔EB/OL〕. (2022-06-03)〔2023-10-22〕. https://baijiahao.baidu.com/s?id=1734433865747197985&wfr=spider&for=pc.

❸ 人民资讯. 故宫上线太和瑞兽数字藏品,没有实物为何人们趋之若鹜〔EB/OL〕. (2022-04-08)〔2023-10-22〕. https://baijiahao.baidu.com/s?id=1729541554874228586&wfr=spider&for=pc.

与腾讯联合打造的"故宫·腾讯联合创新实验室"正式落成并投入使用。作为新型文物数据智慧化采集的科研实体，实验室应用了腾讯数字孪生、虚拟演播、云音视频创作等下一代互联网技术，加速文物数字资源采集、加工、展示的全流程智能化管理，助力故宫百万件文物的数字化采集与利用。

（2）敦煌研究院。

20 世纪 90 年代，时任敦煌研究院院长的樊锦诗提出"数字敦煌"构想，即利用计算机数字化技术永久且高保真地保存敦煌壁画和彩塑的珍贵资料。"数字敦煌" 是一项敦煌保护的虚拟工程，该工程包括虚拟现实、增强现实和交互现实 3 个部分，使敦煌瑰宝数字化，打破时间、空间限制，满足人们游览、欣赏、研究等需求。[1]"数字敦煌"让一批敦煌艺术精品通过数字平台、数字展览、手机 App 等途径走出敦煌。2014年 8 月，莫高窟数字展示中心竣工投入使用，实行单日 6000 人次承载量控制、网络预约、分时段参观、数字化虚拟洞窟实景展示与莫高窟实地参观体验相结合的参观新模式，使旅游旺季进入莫高窟景区的游客量瞬间峰值由过去的 2000~3000 人次，降至 1200 人次。[2]借助高科技手段，敦煌研究院相关负责人认为，"数字展示中心的成立，切实降低了游客参观游览活动对石窟文物以及遗址生态环境造成的不利影响，提高了莫高窟的游客承载能力，同时也丰富了游客的参观方式和内容。"[3]

---

[1]　殷春永，冯志军，李亚龙. 敦煌石窟引入系列尖端技术促保护和弘扬［EB/OL］.（2019-03-20）［2023-10-23］. https://article.xuexi.cn/html/245975706035312273.html?study_style_id=feeds_default&pid=&ptype=-1&source=shar e&share_to=wx_single.

[2]　"数字敦煌"30 年：从构想到不断完善［EB/OL］.（2019-05-16）［2023-10-23］. https://baijiahao.baidu.com/s?id=1617613117718753691&wfr=spider&for=pc.

[3]　"数字敦煌"30 年：从构想到不断完善［EB/OL］.（2018-11-20）［2023-10-23］. http://m.ce.cn/lc/gd/201811/20/t20181120_30820550.shtml.

2016 年 4 月 29 日，"数字敦煌"资源库平台第一期正式上线，首次向全球发布敦煌石窟 30 个经典洞窟的高清数字化内容及全景漫游节目。截至 2018 年，敦煌研究院已完成采集精度为 300DPI 的洞窟近 200 个以及 110 个洞窟的图像处理、140 个洞窟的全景漫游节目制作工作。❶敦煌研究院文物数字化研究所所长吴健认为，数字敦煌资源库建设，是传统文化资源和信息技术有机结合的典范。运用数字化手段，融合文化遗产资源的文化信息，构建跨区域的文化资源库，将石窟的二维图像与三维模型相结合，使敦煌石窟不可移动文物突破物理限制，让观众可以全方位、深层次、多角度、近距离欣赏体验丰富多彩的敦煌艺术，也加深了人们对敦煌文化资源的历史价值、文化价值、社会价值、科技价值和艺术价值的理解。❷

近年来，敦煌研究院进一步加强了新一代信息技术在莫高窟的创新应用。2020 年 4 月，华为公布的华为河图技术将催生出更多的 AR 应用。华为公司将莫高窟作为华为 AR 地图的试点，通过 AI 智能建模，将华为 AR 地图变成莫高窟的"活导游"❸，透过手机屏幕可以了解到关于该景点的相关信息。2022 年，腾讯与敦煌研究院携手，上线了全球首个基于区块链的数字文化遗产开放共享平台"数字敦煌·开放素材库"❹，首批开放的 6500 余份高清数字资源全部上链，并将腾讯区块链技术融入

❶ 中国青年报. 用数字技术在"云"上"点亮"莫高窟，还原千年点灯夜景 [EB/OL].（2021-02-08）[2023-10-22]. https://baijiahao.baidu.com/s?id=1691123035827342230.

❷ 郭玲. 数字敦煌，走出石窟 [EB/OL].（2022-08-19）[2023-10-22]. https://rmh.pdnews.cn/Pc/ArtInfoApi/article?id=30695975.

❸ 华为河图首次亮相，比肩苹果谷歌的 AR 技术，5G 时代的首款应用到来！[EB/OL].（2020-04-09）[2023-10-22]. https://kuaibao.qq.com/s/20200409A0APMY00?refer=spider.

❹ 姜燕. 全球首个！"数字敦煌开放素材库"正式上线 [EB/OL].（2022-12-15）[2023-10-22]. https://baijiahao.baidu.com/s?id=1752258630695501&wfr=spider&for=pc.

数字资产的保护和交易环节，对授权约定、素材创作信息、作品内容等都保留足够且不可篡改的存证，结合腾讯金融科技量身定制的分账系统，文物数字资源的确权、授权、收益分配的全链条均实现了数字化。腾讯"数字敦煌·开放素材库"上线 7 个月，访问量近 400 万人次。2023 年，由国家文物局指导、敦煌研究院和腾讯联合打造的"数字藏经洞"上线，一周访问量超过了 1400 万人次。数字藏经洞运用游戏技术首次毫米级高精度数字化还原莫高窟藏经洞及文物、壁画细节，以 4K 影视级画质、中国风现代工笔画美术场景与交互模式，让公众一键"穿越"到晚唐、北宋、清末等历史时期的敦煌，沉浸式深度互动体验藏经洞从洞窟开凿、室藏万卷、重现于世、文物流散到再次聚首的整个历程，在关键场景变幻中直观感受和了解敦煌文化的价值与魅力。❶

（3）百度"AI 文化遗产复原计划"。

2018 年 1 月，百度"AI 文化遗产复原计划"启动，标志着人工智能技术将深刻变革中华传统文化传播方式。百度已将 AI 技术应用在秦始皇帝陵博物院等地，用手机 App 对准拍照，就能利用人工智能技术让兵马俑"开口"，进入界面后点击兵马俑，即可知道它的作用、角色等信息。此外，人工智能"导游"、人工智能"翻译"等功能的应用，也让游客与文物的"对话"更加便捷。❷

百度还设立了手艺人、非遗百科等专题项目，有效助力了中华非遗文化传承。"百度手艺人"采用信息流技术等新互联网形式和营销的思

---

❶ 陈斯. AI 作画领域被引爆，数字媒体如何丰富人类视听体验？［EB/OL］.（2023-04-09）［2023-10-25］. https://baijiahao.baidu.com/s?id=1762652719404630680&wfr=spider&for=pc.

❷ 创易趋势. 百度启动"AI 文化遗产复原计划"［EB/OL］.（2018-03-12）［2023-10-25］. https://baijiahao.baidu.com/s?id=1594360715582367600&wfr=spider&for=pc.

路，已为陕西华县皮影、熊氏珐琅、老北京兔儿爷、金氏风筝、贵州苗绣等多个非遗老手艺免费上线信息流公益广告❶，在喜爱传统文化、老手艺的精准人群中投放，帮助非遗文化实现了更加精准的传播效果，推动了中国传统文化基因与新时代的融合。

随着AI技术的发展与普及应用，百度还与河南、四川、山东等非遗大省合作，加强非遗技艺传播，并持续将AI最新创新成果应用于非遗文化传播中。河南省文化和旅游厅联合百度智能云打造了"河南非遗一张图"，用AI技术赋能河南省数字文化建设❷，直观展示太极拳、豫剧、泥塑、打铁花等河南代表性非遗项目。该项目融合人工智能、知识图谱、大数据等技术，以管理端和面向公众的互联网小程序为载体，综合运用百度地图、百度百科、百度小程序等资源组合，系统性展示了河南非遗项目、传承人的基本信息、流传历史、技艺传承、拜师授徒、传承谱系、门店信息、照片、视频、资讯等信息，搭建起河南非遗资源的"数字资产库"和交流传承的集中展示空间，也为助推河南非遗资源的活态传承、加速河南非遗文化创新发展奠定了坚实基础。在"河南非遗一张图"的首页，共有6个板块，分别是非遗概览、非遗大事件、非遗图谱、人物名片、非遗地图和"我要上图"。其中，非遗概览展示了河南非遗数字化情况，截至2023年8月，一张图中共收录河南非遗国家级代表性项目125项，认证非遗国家级代表性传承人126位，收录河南非遗省级代表性项目1030项，认证非遗省级代表性传

---

❶ 汽车与科技.百度携手中青报：手艺人公益项目启动，面向全国大学生招募志愿者[EB/OL].（2018-08-10）[2023-10-21].https://www.sohu.com/a/246180070_248444.

❷ 王璐.河南省联合百度发布"太极拳一张图"，科技赋能让非遗"活"起来[EB/OL].（2022-12-17）[2023-10-21].https://hct.henan.gov.cn/2022/12-17/2659183.html.

承人 1147 位。❶非遗图谱展示了传统美术、传统技艺、传统音乐、民间文学、传统医药、传统舞蹈、传统戏剧、传统体育 / 游艺与杂技等十类非遗项目的资源情况。非遗地图直观地展示了各地区和各类非遗项目数字化入驻情况。点开非遗地图，呈现的是一张完整的河南地图，按图索骥，可以查找不同城市的非遗项目入驻数量，如在"濮阳市"3 个字下面有个"19"的数字，代表着濮阳市已有 19 个非遗项目入驻。点开濮阳市，是一张濮阳地图，上面显示各县区入驻的非遗数目。按县区点进去，可以看到各县区目前入驻的非遗项目。点开任意一个项目，项目介绍、传承人、项目视频等信息，均能够一览无余。此外，在"河南非遗一张图"上，用户还可体验 AI 绘画功能，通过在后台预设简单的文字描述，用户点击"我要上图"，便可一键生成 AI 绘制的不同风格图片海报，用于社交分享，提升非遗文化传播的互动性和趣味性。

可见，我国文化产业已经跃入以数字化和网络化为先导的全新发展阶段，要以新技术为基础、以新业态为引领、以新思路加以应对。传统文化传承只有与互联网融合，线上线下融合开展全媒体传播，才能展现出生生不息的文化魅力。

---

❶　温小娟，郭歌. 首创非遗可视化知识图谱 "河南非遗一张图" 正式上线［EB/OL］.（2023-08-02）［2023-10-22］. https://www.henan.gov.cn/2023/08-02/2789498.html.

鲁班文化资源既是中华工匠精神的传播载体，也是中华民族技术创新的思想源泉。

第 5 章

承载工匠精神的当代鲁班文化资源发掘

鲁班文化资源既是中华工匠精神的传播载体，也是中华民族技术创新的思想源泉。鲁班作为我国古代"工匠精神"的代表人物，虽然其工匠精神少有专业著述，却广泛存在于民间传说、民歌、民俗、建造技艺、发明器物、建筑遗迹等文化资源中。鲁班文化资源丰富多样，不仅包括记录鲁班传奇的典籍史册，还包括鲁班发明的工具和土木工艺；不仅包括纪念鲁班的各种场馆，还包括纪念鲁班的各种节庆活动。鲁班文化资源不仅分布于图书馆、博物馆等文化场馆中，还散见于老百姓的生活器具中。因此，本章在前期调研的基础上，发掘承载鲁班工匠精神的当代文化资源，设计新时代鲁班文化全媒体传播的内容、适用的信息技术及传播媒介等，打造新时代鲁班文化的现代价值及创新性发展方向。

参照联合国教科文组织《保护世界文化和自然遗产公约》（*Convention Concerning the Protection of the World Cultural and Natural Heritage*）、日本《文化财保护法》（*Japanese Law for the Protection of Cultural Properties*）等文化资源分类体系，结合鲁班文化的传播载体，鲁班文化资源可划分为文献类、纪念场馆类、工艺器具类、民间文学类、民俗活动类等多种类型，各类资源的数字化程度不同。

5.1 文献类

5.1.1 资源类型界定

鲁班文化的文献资源是指以书面语言形式记载的有关鲁班的文字材料。其表现形式多样，既可以表现为一个句子（如谚语、成语、格言、喝彩词等），也可以表现为一个段落或篇章。❶该类资源以书籍、期刊、报纸、词典等为主要载体，涵盖现当代有关鲁班文化的研究文献，横跨时空较长，是数量最大、传播范围最广的文化资源。

5.1.2 传统形态资源概况

经文献检索得知，记录鲁班文化的古代典籍主要有《四库全书》《鲁班经》等。《四库全书》是清代乾隆年间官方修订的大型百科丛书，汇集了先秦到清代前期的主要典籍，书中较为全面地记录了古代与鲁班有关的发明、传说、成语、诗词等❷，是从事鲁班文化研究的重要资源。《鲁班经》又名《鲁班经匠家镜》《新镌京版雕研正式鲁班经匠家镜》，由明朝的午荣汇编，是流传民间的木工专书，其前身是《鲁班营造正式》，有范氏天一阁藏本但残缺不全。根据内容推测最早成书约在元末明初。主要版本为万历本和崇祯本，现今传世的为这两个本子衍出的翻刻本。❸全书共四卷（文三卷、图一卷），内容为行帮规矩、制度及仪式、建造房舍的工序、选择吉日的方法、鲁班真尺的运用、常用家具和农具的基本尺度和式样、常用建筑构架的形式与名称、建筑的布局形式和名称等。

近现代有关鲁班文化的文献，主要包括《鲁班经》的翻印与解读、鲁班工匠精神研究文献、记录鲁班传说故事的文学类书籍等。其中，鲁

---

❶ 侯延香，王霞. 智慧互联环境下鲁班文化资源数字化传承研究［J］. 人文天下，2015（09）：37-43.

❷ 孙中原. 鲁班文化研究的意义：从《四库全书》看［J］. 武汉科技大学学报（社会科学版），2011（01）：89-93.

❸ CNKI 学问：鲁班经［EB/OL］.（2009-09-10）［2023-10-22］. http://xuewen.cnki.net/R200909105832.html.

班文学类书籍数量较多，主要受到青少年读者的喜爱。鲁班工匠精神类文献自 2016 年以后逐渐增多，而《鲁班经》的翻印与解读类文献数量较少，但内容较为专深。

5.1.3 数字化资源概况

通过调研也可以发现，文献类的鲁班资源数字化程度最高，资源数量最多，检索利用也最为方便。但是，由于鲁班文化研究起步较晚，鲁班文献也较为分散，因此，文献类鲁班文化资源主要分散在国内各大信息资源数据库中。对于古籍类文献，主要分散存储于文渊阁四库全书数据库中，该数据库由迪志文化出版公司与上海人民出版社合作，以《景印文渊阁四库全书》为底本出版。❶通过对该数据库的检索，研究人员可以方便地实现有关鲁班历史典籍的查阅利用。另外，网络上还流传《绘图鲁班经》《鲁班全书古典真本》等电子版，多为网盘、软件网站中提供的下载，版本来源难以鉴定，其权威性、可靠性难以分辨。对于近当代有关鲁班的文献，主要分散在中国知网、超星数字图书馆、维普数据库、万方数据库中，得到了较好的数字化存储和传播。这些数字化文献，除部分以图书的形式组织外，多数以文章的形式进行组织，是研究人员获取鲁班研究文献的重要途径。在超星发现中，可以检索到包含"鲁班"的文献 42,007 条，涉及图书、期刊、学位论文、会议论文、专利、报纸等多种文献类型（图 5.1），其中以报纸新闻报道最多，占 25.58%；其次是期刊论文，占 24.21%；图书 690 种，占 1.64%。尤其

---

❶ 宁波大学图书馆. 四库全书数据库介绍［EB/OL］.（2019-02-26）［2023-10-23］. http://tpi.nlic.net.cn/tpi/sysasp/skqs/toplink.asp.

是 2000 年以来，随着各级政府对文化资源共建共享的重视，鲁班研究的相关文献也呈迅速增长之势（图 5.2）。表 5.1 为近年来引用率较高的文献列表。

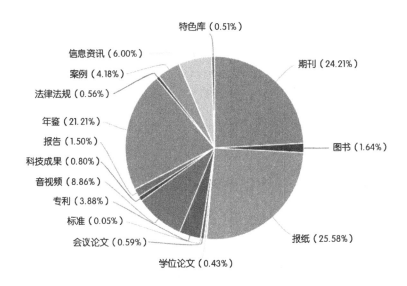

图 5.1 数字化"鲁班"文献的类型分布

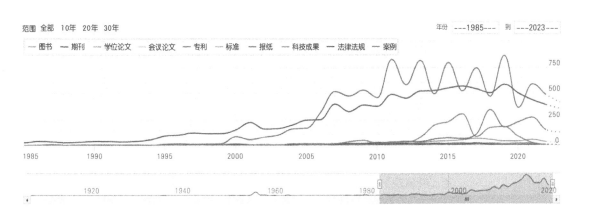

图 5.2 "鲁班"文献发展趋势

表 5.1 近年来各数据库中引用率较高的鲁班文献

序号	题名	作者	出处
1	鲁班经	（明）午荣	北京：华文出版社，2007
2	叩开鲁班的大门：中国营造学社史略	林洙	北京：中国建筑工业出版社，1995
3	鲁班营造正式	刘敦桢	文物，1962（02）
4	鲁班的传说	许钰	兰州：甘肃人民出版社，1988
5	从《鲁班的子孙》谈起	王润滋	中国现代、当代文学研究，1984（22）期
6	鲁班传说故事集	祁连休	天津：百花文艺出版社，1980
7	鲁班的传说	朱心	上海：少年儿童出版社，1960
8	论我国各民族的鲁班传说	祁连休	民族文学研究，1984
9	要做革命的"鲁班石"	刘泮林	解放军文艺，1961
10	鲁班传说的产生和发展	许钰	民间文艺季刊，1986（01）
11	建筑工程鲁班奖驰誉全国	董光	工程质量，2007（04）
12	《鲁班经匠家镜》家具条款初释	王世襄等	故宫博物院院刊，1981（01）
13	我读《鲁班的子孙》	梅朵	中国现代、当代文学研究，1983（11）
14	《鲁班经匠家镜》家具条款初释	王世襄	故宫博物院院刊，1980（03）
15	鲁班学艺	高玉爽	天津：百花文艺出版社，1959
16	筑起企业生命线——上海建工集团获 39 个鲁班奖的背后	建欣	建筑，2003（02）
17	白族鲁班传说的民族特点——白族与汉族鲁班传说的比较	王明达	华夏地理，1986（01）
18	云南蒙古族鲁班节研究	杜玉亭	内蒙古社会科学（汉文版）1990（06）
19	论《鲁班经》——兼谈我国古代工艺思想特色	张燕	东南大学学报(哲学社会科学版)2005（01）
20	大足石篆山石窟"鲁班龛"当为"志公和尚龛"	陈明光	文物，1987（01）

序号	题名	作者	出处
21	基于 BIM 技术的鲁班安装算量软件应用价值分析	赵松波	安装，2009（09）
22	鲁班传说概观	许钰	民间文学论坛，1985（02）
23	旧规范解决不了新矛盾——读《鲁班的子孙》	引玉	作品与争鸣，1983（12）
24	说公输与鲁班	余冠英	文学杂志，1947（09）
25	鲁班志	王弗	北京：中国科学技术出版社，1994
26	鲁班尺探究	牛晓霆等	家具，2006（05）
27	企业质量管理体系和新技术的应用是确保创"鲁班奖"的保证	柯鸿翔	工程质量，2004（09）
28	浅谈建筑工程造价软件的应用：以鲁班土建算量软件为例	周春良	现代经济信息，2012（10）
29	官尺·营造尺·鲁班尺：古代建筑实践中用尺制度初探	李浈	建筑史，2009（01）
30	西秦岭礼县鲁班石一带石炭纪牙形刺新资料	郭俊锋等	地质通报，2003（07）
31	一种奇特的书写符号——"鲁班字"	陈廷亮	吉首大学学报（社会科学版），2004（4 期）
32	慎用舶来鲁班尺	何俊寿	古建园林技术，1995（02）
33	反映变革中的真实——有感于《鲁班的子孙》	张达	山东文学，1984（08）
34	我国古代的能工巧匠——鲁班	杜舒	建筑学报，1975（01）
35	"父子冲突"的背后——再读《鲁班的子孙》	朱杰	上海文学，2007（12）
36	鲁班文化研究的意义：从《四库全书》看	孙中原	武汉科技大学学报（社会科学版），2011（01）
37	鲁班工坊核心要义的致用之道：认知、行动与策略	张磊等	职业教育研究，2021（09）
38	鲁班工坊的核心内涵——中国职业教育的国际品牌	吕景泉	天津职业院校联合学报，2020，22（01）
39	鲁班传说研究	田华	湘潭：湘潭大学，2003

序号	题名	作者	出处
40	鲁班文化主题体验馆的设计与研究	郑悦	济南：山东建筑大学，2017
41	鲁班信仰研究	覃妩周	武汉：中南民族大学，2010
42	浅谈鲁班锁的结构及其功能价值	李志港等	设计，2013（02）
43	渤海"鲁班工坊"天津职教国际化发展的创新之举	黎志东等	中国职业技术教育，2016（16）
44	"鲁班工坊"：职业教育国际化发展的新支点	吕景泉等	中国职业技术教育，2017（01）
45	从"鲁班文化"看现代中国工匠精神的培育	曹兴琴等	苏州市职业大学学报，2016（04）
46	鲁班文化在高职建筑类学生人文素质培养中的实践研究	王慧	教育教学论坛，2017（04）
47	鲁班文化的历史原型研究——兼论其对新时代工匠精神弘扬之启示	石超	理论月刊，2021（04）
48	"1+X"制度下高职工程造价专业"鲁班工匠"人才培养模式研究	冯建新	经济师，2020（10）
49	鲁班工坊建设的动因、内涵与特征分析	杨延	中国职业技术教育，2019（28）
50	全球职教命运共同体：基于"鲁班工坊"看中国参与全球职业教育的网络治理	王岚等	中国职业技术教育，2021（06）

5.2 纪念场馆类

5.2.1 资源类型界定

鲁班文化的纪念场馆类资源是指具有较高认知、美学或科学价值的追忆鲁班的有形文化资源，主要包括文化遗迹、纪念场馆、雕塑画像等。作为木工、石工、泥瓦匠、建筑师的祖师，鲁班一直受到人们的景仰和纪念，因此，纪念类鲁班文化资源也散布在滕州、曲阜、天津、台湾、香港，甚至韩国、马来西亚等多个国家和地区。对该类文化资源还可以按照资源所在地理区域进行分类，如仅滕州市就有鲁班文化纪念馆（图 5.3）、鲁班功德堂（图 5.4）、鲁班文化主题公园（图 5.5）、鲁班堤（图 5.6）、鲁班造磨处、鲁班桥、鲁班工匠营、鲁班渔村等纪念类文化资源。

图 5.3　滕州鲁班纪念馆

图 5.4　鲁班功德堂及门前雕塑

图 5.5 鲁班文化主题公园鲁班雕像广场

图 5.6　鲁班堤遗迹

5.2.2 传统形态资源概况

在纪念场馆类鲁班文化资源中，以文化遗迹数量最多，形式最为丰富，包括鲁班庙、鲁班祠、鲁班镇、鲁班窟、鲁班窆等多种形式，其中以寺庙类数量最多，在地理分布上也最为分散，主要集中在我国大型兴作场地和匠户集中的街衢村镇中，马来西亚、印度尼西亚、越南等国家也建有鲁班庙。能在国内地图上检索到的鲁班庙（祠）有十余处，分别是山东省济南市千佛山公园内的鲁班祠、天津市蓟州区府后街鲁班庙、香港中西区西环青莲台鲁班庙、湖南省湘西土家族苗族自治州永顺县鲁班庙、贵州省遵义市习水县鲁班庙、四川省巴中市平昌县鲁班庙、四川省成都市彭州市鲁班庙、四川省遂宁市鲁班庙、浙江省台州市三门县鲁班庙、四川省巴中市通江县鲁班寺、山西省太原市晋源区晋祠公园公输子祠、北京市朝阳区高碑店鲁班祠等。这些祠庙多在大型的兴作场地建设，其作用是供工程兴作期间祭祀和遇到困难时祈福祷告。另外，还有由匠户集中的街衢村镇建起的鲁班祠庙，用于工匠们春秋公祭，如台湾地区的喷鼻港鲁班庙❶、北京崇文区鲁班胡同鲁班祠、上海鲁班街鲁班祠、福建福州鲁班祠、浙江温州楠溪江棣头古村鲁班祠、江西南昌西湖区鲁班庙、山东烟台解放路鲁班祠、广东东莞鲁班祠、长沙太平街鲁班庙、山东聊城光岳楼鲁班祠、河北赵县赵州桥鲁班祠、河北张家口鲁班庙、江西上饶铅山鲁班庙、云南通海鲁班祠等。

在纪念场馆类鲁班文化资源中，以滕州鲁班纪念馆体量最大、功能最全。该馆位于山东滕州龙泉文化广场，建筑面积达 8600 平方米。鲁班纪念馆主体建筑以"继承与发展"为设计理念，将仿古与现代建筑风格相结合，以其发明的卯榫结构为主，混凝土框架为辅，设有圣祖堂、祭拜大厅、鲁班庙会、木工器械馆、石器馆、兵器馆、建筑厅、舟桥厅、航天厅、青少年科技教育厅、鲁班传人成果厅、今日班门等展

---

❶　潘民中. 关于鲁班［EB/OL］.（2019-02-16）［2023-10-23］. http://blog.sina. com.cn/s/blog_5e63c6560100w5it.html.

区。❶鲁班纪念馆结合鲁班的生平、事迹和传说，采用现代声、光、电等多媒体技术，展示了鲁班发明的石器、木器、铁器、土木等各类器具，并珍藏清末的油碾、清康熙年间的石井、古代四轮战车等珍贵文物，充分发挥着"科技发明展示中心、寻根感恩祭拜中心、爱国主义教育中心、旅游休闲体验中心、鲁班文化传承中心"等功能。

在山东曲阜，集鲁班殿、鲁班博物馆、鲁班文化宫、鲁班研究院、鲁班奖颁奖大厅、鲁班广场"六位一体"的鲁班故里园基本完成（图5.7），为大力弘扬鲁班文化创造了基础条件。❷鲁班故里园位于山东省曲阜市小雪镇，是以弘扬、传承鲁班文化和中华传统建筑文化为主要功能的文化设施，具有研究、展览展示、科学普及、参与体验及中小型专

图 5.7 曲阜鲁班故里园

❶ 鲁班纪念馆_百度百科［EB/OL］.（2016-05-16）［2023-10-22］. https://baike.baidu.com.

❷ 杨朝明. 阐发鲁班文化 倡导工匠精神［EB/OL］.（2023-03-21）［2023-10-22］. https://baijiahao.baidu.com/s?id=1760965834069420875&wfr=spider&for=pc.

业会议的功能，建筑风格为明清传统建筑风格。2006 年成立的曲阜市鲁班文化研究促进会在"鲁班传说"申遗保护、学术研究、鲁班纪念、中国曲阜鲁班文化节祭典等方面做了大量工作。

　　鲁班文化主题公园位于滕州市界河镇，是集观赏、游乐、休闲于一体的生态型主题公园。公园呈五区（科普文化区、原始湿地区、木屋别墅区、运动健身及管理区、森林养生区）两带（滨河绿化带、湿地水景观带）格局，园内建有鲁班像、鲁班尺、鲁班桥、鲁班圣迹图、鲁班锁、鲁班古戏台、鲁班碌碡坝、鲁班赋影壁等文化景观。

　　另外，鲁班作为百工精湛技艺的化身，还受到各地匠户的景仰和供奉。不仅鲁班的雕塑遍布各大兴作场地，画像牌位甚至还深入到每一个匠户家中。匠户家中摆设的鲁班画像牌位用于年节私祭和收徒叩拜，因此，鲁班雕塑画像也是鲁班文化资源中的重要组成部分。古代鲁班雕像主要分布在寺庙、祠堂中（图 5.8），现代鲁班雕像主要分布于大型广

图 5.8　济南千佛山鲁班祠鲁班雕像

场、文化场馆中（图 5.9、图 5.10）。此外，还有纪念鲁班的石刻壁画散见于各大文化场馆或文化公园中。

图 5.9 潍坊世界风筝博物馆前的鲁班雕塑

图 5.10 莆田中国古典工艺博览城的鲁班雕塑

5.2.3 数字化资源概况

纪念场馆类文化资源的数字化程度一般，以图文并茂的文章数量居多，图片主要分散在场馆规划建设的新闻报道、参观旅游感悟、文化遗迹介绍等文章当中，图片的清晰度、艺术性等因信息发布者而异，可以通过专门的图片检索来获取。

也有利用 VR 技术数字化展示鲁班场馆信息的，但多数为虚拟场馆服务公司呈现的典型案例❶，如山东智业文创产业集团网站上展示的线上鲁班纪念馆，是以典型场馆案例形式展出的，与官方网站链接不上。通常，由于知识产权保护等原因，在此类公司网站上一般仅展示部分低清晰度效果图，且需要通过搜索引擎才可以进入，而非嵌入鲁班文化相关网站，因此，实际访问量不高。

在国家大力倡导工匠精神培育的背景下，部分职业院校尤其是城建相关的职业院校，更加重视鲁班文化及其工匠精神的传播，并充分运用现代展馆技术打造鲁班文化网络传播空间。济宁职业技术学院专门建立了线上鲁班文化馆，面向社会大众提供免费服务，在鲁班文化的教育普及、保护传承、创新发展、传播交流等方面发挥了积极作用。线上鲁班文化馆致力于跨越时空限制传承鲁班工匠精神，建立了线上鲁班文化展厅、中国古建筑构件收藏展厅、传统建筑技艺展区、班墨工坊、善建者（大国工匠）风采展厅、鲁班名士讲堂、广厦艺术中心、艺心社八个模块，搭建了包括网站管理系统、信息发布系统、虚拟仿真资源制作及展示系

---

❶　智业文创产业集团制作的线上鲁班纪念馆［EB/OL］．（2021-06-06）［2023-10-22］．http://www.zhanguansheji.cn/VR/luban/.

统、IMAR制作及展示系统、环物制作及展示系统、全景VR制作及展示、古建地图管理系统、虚拟查看系统、教学管理系统九大系统❶，在宣介鲁班工匠精神之魂、培育鲁班传人、培育师生评析传统建筑设计之巧、掌握传统建筑技艺之精、欣赏传统建筑文化之美等方面，发挥了重要作用。其中，鲁班文化虚拟展厅主要通过微课、视频、图片、文字、音频等形式，以百工圣祖、匠心精工、鲁班文化、鲁班传人、悟道筑魂五大模块来展示"哲匠鲁班的大成智慧"，坚持用优秀传统文化，帮助学生内化鲁班工匠精神，涵养社会主义核心价值观，培养德智体美劳全面发展的鲁班传人。

5.3 工艺器具类

5.3.1 资源类型界定

工艺器具类鲁班文化资源是指鲁班发明创造的各类器具、工艺技术等资源。鲁班出身于工匠世家，经过不懈努力和长期生产实践，逐渐掌握了各种工匠技能，成为最杰出的能工巧匠。鲁班一生的发明创造诸多，《物原》《世本》《事物绀珠》《说文》《古史考》等古籍均有所记载，尤其在木工器具、农用器具、建筑、军用器械、家居用品、仿生器具等的发明制作方面有杰出成就。

---

❶ 鲁班文化馆［EB/OL］.（2022-10-20）［2023-10-22］. https://lb.izsw.net.

5.3.2 传统形态资源概况

鲁班发明的木工器具主要有刨、锛、凿、锉、斧、锯、钻、铲、曲尺、墨斗、圆规等；农用器具主要有石磙、石碓、石碾、石磨、石臼、石盘、井台、井石、木砻、木犁、耙子、木锄、斧头、榔头、镰刀、铁锨、辘轳等；建筑主要有门石、卯、榫、亭子、桥、宫殿、门板、窗棂等，军用器械主要有机封、锁、木马车、云梯、钩强等；家居生活用具主要有门、窗、桌、床、凳、箱、锁钥、伞、鲁班枕❶（图 5.11、图 5.12）等；另外还有木鹊飞鸢、木人木马、船、桨、橹、木筏、石刻地图与凤凰等。2014 年 6 月，枣庄市政府公布了枣庄市第五批市级非物质文化遗产名录，鲁班锁荣获"非物质文化遗产"称号。

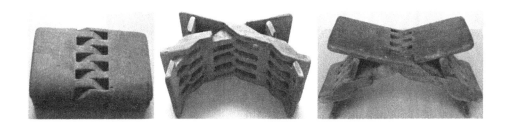

图 5.11 流传下来的鲁班枕

因此，木匠、瓦匠、石匠、机械等多个行业都视鲁班为"行业神"，鲁班不仅成为"百工祖师"，也成为众多华夏能工巧匠的智慧化身，其

---

❶ 俗称"瞎掰"，距今已有 2600 年历史，据说是鲁班专为不分昼夜等候求子的百姓创造，是用一块整板纸做成的、结构复杂、可折叠的木制生活用品，睡觉时可以当枕头枕，也可以打开当小板凳用，便于携带，一物多用、方便生活，制作工艺精细复杂，在制作过程中，需要锯、刨光、磨、钻、凿、抠、上漆、打蜡等几十道工序才能完成。

图 5.12 济南千佛山鲁班祠展示的部分鲁班发明器具

中以在建筑业的影响为最大。唐代的《酉阳杂俎》中记载："今人每目睹栋宇亮丽，强谓鲁班造也。"1987 年，中国建筑业联合会设立了"建筑工程鲁班奖"，以激励建筑企业争创优质工程。可见，鲁班在建筑业的巨大奠基作用和后人对鲁班精神的景仰。

传统的鲁班工艺是指在制造家具、门窗框架或其他木制品过程中用手工工具或机器工具进行操作的木工工艺，涉及划墨、取线、制隼、制卯、雕刻、拼构、斧正、凿孔、刨光、铲削等多种工艺。木工工艺的传承主要靠师傅带徒弟的传承模式，因此，一些掌握高超技艺的木工工匠或团体是鲁班工艺的重要传承人，如密云县民间巧匠李文涛掌握鲁班枕的民间制作工艺，该民间手工艺品已被列入北京市非物质文化遗产保护名录；陕西户县（编者注：现西安市鄠邑区）甘亭镇的木匠杨名孝，完整地保存着做斗用的工具，传承着有十几道工序的做斗工艺。❶滕州鲁班天工木艺有限公司传承鲁班锁制作工艺，设计开发了 8 大类 100 余种的鲁班锁，获得国家专利 10 项，成为一张滕州鲁班文化名片。❷但是，随着一些器具的淘汰，一些传统木工工艺的传承面临挑战，如隐含于土家凉亭桥建造工艺中的鲁班字，是土家木匠用于注记加工成型的木质建筑构件顺序的标记符号，如今不仅土家凉亭桥建修技艺濒临失传，能完全书写鲁班字的工匠也少之又少。仅依靠传承人传播民间手工技艺则传播效率低下，如何借助数字化技术记录传统鲁班工艺，对保护鲁班工艺等非物质文化遗产至关重要。

随着时代的发展，鲁班文化内涵日渐丰富，鲁班工艺的内涵也由最初的民间木工工艺拓展为建筑工艺。1987 年设立的"建筑工程鲁班奖"，旨在鼓励建筑企业加强管理，提高工程质量，争创一流工程。鲁班奖作为全国建筑行业工程质量的最高奖项，有严格的评选办法、申报评审程序，不仅要考察工程的安全、质量情况，还要审查主要施工方法，以及新技术、新工艺、新材料、新设备在工程中的应用情况。原则上，每年获奖的 80 个工程中，公共建筑工程占获奖总数的 45%；工业、交通、水利工程占 35%；住宅工程占 12%；市政、园林工程占 8%。由肖绪文等编著的《创建鲁班奖工程细部做法指导》，围绕建筑工程的地基与基础工程、主体结构工程、屋面工程、装饰装修工程、安装工程五个部分 195 个细部节点，从材料、工具、工序、工艺方法、控制要点、质量要求、

❶　刘珂. 西安非遗普查首现做斗工艺 66 岁木匠最后传人［EB/OL］.（2021-11-30）
［2022-10-22］. http://xian.qq.com/a/20121130/000133.htm.

❷　级索镇研究室. 鲁班锁荣获"非物质文化遗产"称号［EB/OL］.（2014-06-11）
［2023-10-22］. http://info.tengzhou.gov.cn/tzszfgkml/newsy/zjd/201406/t20140611_2663320.htm.

做法详图及实例图等方面进行了全面系统的阐述，对保障工程质量与安全生产具有重要的学习借鉴和推广应用价值，也是鲁班工艺资源的重要组成部分。尤其是近年来，越来越多的智能建筑企业参建的智能化工程荣获鲁班奖，参建项目多为新时代标杆工程，其中蕴含的工匠精神和创新性做法具有示范效应。例如北京泰豪智能工程有限公司参建的北京城市副中心行政办公区 A1 工程，太极计算机股份有限公司参建的军博展览大楼项目，同方股份有限公司参加的北京城市副中心行政办公区 A2 工程，中国电子系统技术有限公司和北京时代凌宇科技股份有限公司参建的北京城市副中心行政办公区 A3、A4 工程，深圳达实智能股份有限公司参建的雄安市民服务中心项目、北京国安电气有限责任公司参建的中国卫星通信大厦项目，北京中科软件有限公司参建的中国光大银行天津后台服务中心项目，中建三局智能技术有限公司参建的永利国际金融中心项目和青岛大学附属医院门诊综合楼项目等。智能建筑产业链企业越来越成为智慧城市建设乃至智能经济发展的技术底座与支撑，"千年大计"雄安新区、北京大兴国际机场、港珠澳大桥、G20 峰会、乌镇互联网大会、武汉世界军运会等超级工程，均离不开智能建筑企业的智慧赋能与技术护航。[1]新时代的鲁班奖获奖工程进一步彰显了技术创新的魅力，是新时代鲁班工匠精神的创造性转化，也是鲁班文化时代发展的体现。

5.3.3 数字化资源概况

对工艺器具类文化资源，发明器具及传承人的数字化程度较高，以

---

[1] 李国庆. "鲁班奖"揭晓，谁将成为建筑产业智慧创新"头雁"？[J]. 智能建筑，2020，233（01）：4-5.

视频和图文并茂的网页为主，传播效果较好。大部分视频可以通过爱奇艺、好看视频、腾讯视频等平台获取。其中，既有面向儿童教育的鲁班发明创造视频，也有面向大众传播鲁班工匠精神的纪录片，还有宣传介绍鲁班文化的虚拟文化场馆。在相关视频资源中，有关鲁班木工工艺宣传的视频相对较多，主要包括鲁班枕的制作及工艺、鲁班锁的制作及其工艺、榫卯结构工艺及鲁班传人等。在济宁职业技术学院搭建的线上鲁班文化馆传统技艺展厅❶，通过虚拟现实技术，以视频、动画、微课、语音、演示、文字、图片等形式来实现鲁班相关技艺传播，提供直观可视的传统手工技艺、传统建筑工匠技艺和鲁班工匠精神体验。虚拟技艺展厅中主要提供包括鲁班发明、传统益智玩具、营造法式、卯榫结构、木雕、陶艺、刺绣、绘画等山东非物质文化遗产项目技艺，对不同的使用器具和工艺配有对应的视频解说，是鲁班文化传递的重要载体。

此外，2020 年 6 月发布的《匠木》手游也与鲁班的榫卯工艺有关。该游戏是一款以"榫卯"为核心的原创空间解密类游戏，玩家需要通过观察不同的卯眼结构，利用工具凿出对应匹配的榫头结构，最终无缝拼合实现解密通关，也可自行设计榫头与卯眼结构，供其他玩家挑战。❷该手游先后荣获 2021 年度 GCA（亚洲游戏化研究与发展大会）最佳社会影响力奖、2021 年度游戏文化评选大赛（国风国创好游戏）优秀国粹文化艺术奖一等奖、2022 年第三届"天府文创"大赛金奖等业内大奖。

---

❶　展视网. 鲁班文化馆传统技艺展厅［EB/OL］.（2022-11-06）［2023-10-22］. http://lb.izsw.net/index/bim720_view?index=3.

❷　《匠木》游戏评测. 用匠心来体验中国传统文化精髓［EB/OL］.（2020-09-30）［2023-10-22］.https://baijiahao.baidu.com/s?id=1679254213401331257&wfr=spider&for=pc.

截至 2020 年 9 月，《匠木》拥有 700 多万注册用户，覆盖海外 178 个国家和地区，累计下载超过 3000 万次，充分展现了鲁班榫卯工艺的魅力。

5.4 民间文学类

5.4.1 资源类型界定

民间文学类鲁班文化资源是指民众在生活中传承的口头创作，流传并不断集体修改加工的文学，主要包括神话、民间传说、民间故事、民间歌谣、民间叙事诗、民间小戏、说唱文学、谚语、谜语、曲艺等体裁。

5.4.2 传统形态资源概况

鲁班工技绝巧，在民间逐渐演变为传奇式人物，有关他的传说在汉族、白族、壮族、苗族、瑶族、彝族、水族、土家族、仡佬族、布依族等多个民族中流传，其中以汉族流传最广，尤其是在山东曲阜、滕州等地区的鲁班传说规模庞大。鲁班传说源远流长，至今已有 2000 多年历史。2008 年，鲁班传说被列入第二批国家级非遗名录。鲁班传说内容丰富、艺术形式多样，涉及鲁班出生、学艺、发明创造、被奉为百匠祖师等多个方面的内容，共计上千则，已经发展成为一整套故事体系。田华根据鲁班传说的情节，将鲁班传说分成巧智、谦虚好学、排忧解难、团结协作、诚实守信等七种类型❶，谷道宗等将鲁班传说分为师圣之说、工匠之说、

---

❶ 田华. 鲁班传说研究［D］. 湘潭：湘潭大学，2003：16-18.

神仙之说、戏趣之说、讽褒之说等五种类型❶，充分说明鲁班传说的丰富内涵。在鲁班传说中，最为著名的有《梦磐得子的传说》《鲁班桥的传说》《飞斧的传说》《没有量（良）心的传说》《石头嫁妆的传说》《土拥脖的传说》等。根据许钰研究，鲁班传说的发展大致分为三个阶段：①先秦和汉初时期，鲁班传说事迹的记载多是关于其如何发明、制作物件的；②汉魏至唐代，是鲁班传说发展的重要时期，鲁班形象及事迹逐渐传说化，鲁班活动的范围得以扩展，虚构、夸张和神异成分增加，关于鲁班本人的身份也出现种种歧异说法；③宋元到近代，是鲁班传说大扩散、大发展的时期。尤其是到近代，鲁班传说遍及全国各地区。除了汉族地区鲁班传说数量大大增加外，一些少数民族地区，如水族、壮族、布依族、瑶族、白族、土家族、彝族、苗族等，也出现了与鲁班相关的诸多传说。在西南地区流传的鲁班传说中，不少文本都记录了鲁班与各少数民族的友好交往。云南白族《鲁班传〈木经〉》、白族《锯子的来历》、蒙古族《鲁班和旃班》、水族《鲁班造屋》、布依族《木马》、布依族的《罗汉脸壳》等讲述了汉族师傅鲁班不远万里到少数民族地区传授木匠手艺的故事。白族的《鲁班的墨斗》《木花柱子》《篾圈圈和小木槌》，布依族的《墨斗和锯齿》《鲁班传富经》，水族的《鲁班造鱼》等讲述了鲁班帮助少数民族百姓建造房屋、解决木作难题、摆脱生活困境等故事。同时，结合本地文化传统和日常生活，西南少数民族也对鲁班传说进行了文化再生产，很多传说强调鲁班入乡随俗，与当地人打成一片。比如鲁班将《木经》编成白族调子，传给白族人民；鲁班在与水族人民交往中，喝糯米酒、食清水江鱼，不仅帮他们建房子，还为他们

---

❶　谷道宗，王光炎. 鲁班文化与工匠精神［M］. 北京：清华大学出版社，2021：21-41.

在都柳江中造鱼。❶

　　近年来，政府相关部门将鲁班传说进行了抢救性的保护和开发。曲阜市政府专门成立了"鲁班文化研究促进会"，并在《曲阜文史》上推出"鲁班文化研究专辑"。滕州市政府组织专人对当地的民间故事、传说、民俗、民歌、民谣等进行了整理归类，并出版了《滕州民间故事》《滕州民间歌谣》等书。《滕州民间故事》里收录的鲁班传说有数十则，有数百则经典的见于近几年的《齐鲁晚报》《枣庄日报》《滕州日报》等报刊。❷ 许钰主编的《鲁班的传说》、王中编著的《鲁班的传说》、孔祥金主编的《鲁班传说》等书籍，较为全面系统地整理了鲁班传说，引用量和馆藏量较大，进一步扩大了其传播范围和影响力。

　　鲁班的勤劳智慧和创造精神，也在民间诗词歌赋中得以体现。《太平御览》中记载的刘越石《扶风歌》赞道："谁能刻镂此，公输与鲁班。"在民间歌谣中，以《小放牛》传播最广，各地唱法也不尽相同。《小放牛》（也叫《摇篮曲》或《摇儿歌》）属小调体裁的民歌。此外，一些少数民族群众还以鲁班传说为素材，创作了有关鲁班的民间叙事诗、民间戏曲、民间说唱，进一步丰富了鲁班民间文学的形式，扩大了鲁班传说的影响。例如，瑶族传统歌谣《歌唱鲁班》（叙事性长诗）、诗歌总集《盘王大歌》中的《鲁班造寺》唱段等，表现了广大瑶族人民对鲁班的崇敬。❸

　　此外，鲁班还被一些少数民族纳入其文化信仰和神话叙事体系。布

　　❶ 熊威，张琴. 鲁班传说与中华文化认同——以西南少数民族为例［J］. 民族文学研究，2022，40（04）：61-68.

　　❷ 山东艺术馆. 山东非物质文化遗产鲁班传说［EB/OL］.（2014-05-14）［2023-10-22］. http://sd.sina.com.cn/news/s/2014-05-14/135163653.html.

　　❸ 刘玉明. 纪念鲁班两千五百年从未间断［EB/OL］.（2013-06-28）［2023-10-22］. http://epaper.jn001.com/jnrb/html/2013-06/28/content_12992.htm.

依族流传的《人造房子的来历》将鲁班与布依族始祖盘古王相联系。在该传说中，受盘古王命令，鲁班帮助布依族建造房屋。房子建成后，布依族从树上、洞里移居到房屋内，免受风吹雨打。云南文山流传的壮族《巧匠造木人》保留了鲁班造木人传说的重要情节：造木人、儿子送饭、通过是否流汗辨别木人，同时当地人将鲁班造木人与瑶族、壮族、苗族"同出一源"的神话记忆相融合，对传说进行了再创作。❶

5.4.3 数字化资源概况

民间文学类资源数字化形式丰富，数字化程度较高，尤其是以民间文学为蓝本创作的动画片、电影、电视剧等资源丰富。如 1958 年孙瑜执导的电影《鲁班的传说》，选择了鲁班造桥、建庙、角楼三个故事，着重表现了鲁班是劳动人民勤劳智慧的化身，证明了不平凡的奇迹都是从平凡的劳动中创造出来的。该电影至今仍可以通过芒果 TV、乐视、哔哩哔哩、爱奇艺、优酷等平台播放。2003 年播出的电视剧《鲁班大师》，是一部以反映建筑业鼻祖鲁班为主要题材的电视剧，全剧以独特的视角讲述了鲁班大师一生的功绩。电视剧把人物置于春秋战国时期的内忧外患中，也不乏群雄逐鹿和宫廷斗争的传奇故事。同胞兄弟公输班、公输保由于天性不同而分道扬镳，公输班发明了许多先进的生产工具，而公输保志在光宗耀祖、大富大贵，两兄弟的路越走越远。一次，偶然有枚祖传的龙纹玉坠被发现于老箱之中，竟掀出二十多年前的一段惊人故事，两人的命运骤然改变。该剧还刻画了鲁班身边的两位女性，一位是后来

---

❶　熊威，张琴. 鲁班传说与中华文化认同——以西南少数民族为例［J］. 民族文学研究，2022，40（04）：61-68.

成了鲁班嫂子的儿时玩伴，后来为救鲁班身亡；另一位是一直无怨无悔追随鲁班的妻子公孙惠娥。

2015年11月，历时三年策划创作的《小小鲁班》动画片在中央电视台首播，该动画片将鲁班精神进行了全新演绎。主要讲述了小鲁班守护家园的动人故事：美丽的幸福村突遭百年一遇的洪水侵袭，小鲁班和机器人皮休、好朋友香香、彩虹兄弟及小野猪吼吼，一路收集开心花和开心果，积极开动脑筋，动手解决问题，勇闯彩虹塔的道道难关，终于帮香香找回了她的四个兄弟——守护幸福村的磏磏精灵。该片旨在通过中国古代圣贤的创造才智，引导儿童动手动脑能力的发展，在启发智慧的同时培养良好性格。该片获得"绿色动画片"的美誉，引起文学界、评论界的高度关注。另外，在《齐鲁晚报》《枣庄日报》《滕州日报》等数字化报刊中，也可以见到文本、图片等数字化资源，在优酷、土豆等视频网站中也有许多有关鲁班发明创造的动画类数字资源。

除影视动画类资源外，读秀知识库、超星数字图书馆等数据库收录了书籍类鲁班传说，并能进行书籍目次、知识的检索，是可靠性较高、较为方便利用的数字资源。在中国鲁班网，以网页形式传播了灵山彩虹、鲁班学艺、齿草化锯、梧桐引凤、"班母""班妻"、规矩方圆、荷叶伞亭、点石成磨、仿鞋作舟、上梁大吉、朽木可雕、飞斧斩椽、"量心""良心"、兄弟削鸢、五更赶羊、谷亭鱼台、石头嫁妆、棉花扁担、三潭印月、蝈蝈笼子、锔大家伙、拍案惊鬼、班门弄"楚"、班门教子、刻石九州等传说故事，为网民们提供了较为官方的鲁班传说版本。但是，有关鲁班的民间歌谣、民间叙事诗的数字化资源主要以文本介绍为主，难以体现文化资源的原貌。

5.5 民俗活动类

5.5.1 资源类型界定

民俗活动类鲁班文化资源是与鲁班相关的各种风俗习惯、传统民俗活动、节庆活动等资源。我国很多地区都流传着鲁班的故事，多个民族都在敬仰祭祀鲁班，也形成了不同的风俗习惯和民俗活动。

5.5.2 传统形态资源概况

在民俗活动中，主要以祭祀鲁班活动为主。在不同的地方，祭祀鲁班的日期不同，活动形式也不尽相同，既有盛大的祖庙祭祀，也有木匠家庭的祭祀。据说鲁班的老家在山东滕州，这里会在每年的五月初七（鲁班逝世纪念日）祭祀鲁班。每到五月初七，木匠们就把院中的香台搭建成庙式的天棚，在棚内供奉"鲁班祖师爷之神位"的灵牌，牌前摆放着活鸡活鱼、整猪整羊等祭品，棚外插满了青竹松枝。棚门两侧排列着鲁班爷造的锛凿斧锯，擦得锃亮，用红绸包裹着，当供品陈列。待东方欲晓鞭炮齐鸣时，举家长幼有序，轮番把酒上香，然后在地面的大红席上行跪拜大礼，祈求鲁班爷佑护国富民强、阖家平安。在云南省通海县，鲁班节是云南蒙古族的特有节日，每年农历四月初二欢庆鲁班节。通海县流传的鲁班传说《鲁班和旃班》讲了鲁班节的来历。鲁班弟子旃班学成归来后，向族人教授建筑工艺。旃班晚年时，想拜他为师的人很多，但他只在每年四月初二收徒弟，因为这是鲁班送给他《木经》的日子。每到这一天，旃班都向新收的徒弟讲解《木经》，同时又让出师的徒弟进行各项技艺表演。旃班还用最好的檀香木精雕了一座鲁班师傅的像，放在讲堂里，鼓励学徒努力学好各种技艺。旃班去世后，当地人民在每年的四月初二都集中到村中的庙里做会，过鲁班节。外出做工的工匠，必须赶在四月初二前回乡拜祖，否则将被认为是忘师欺祖之徒。鲁班节会期三天，村里杀猪宰羊、搭台唱戏、舞"高抬"、划彩船、瞻仰鲁班雕像。活动的参与者不限于本民族，周边的汉族、彝族群众也被邀请参与聚会。鲁班节的一个重要的仪式是把鲁班木像用精心装扮的神轿抬着到各村巡游一圈，一路锣鼓喧天、鞭炮齐鸣，场面热闹壮观。在香港地区，每年农历六月十三日都会在鲁班先师庙举办鲁班节祭祀活动。这一天，香港的建筑工人放假一天，白天去青莲台鲁班古庙敬香参拜，入夜则大摆筵席，开怀畅饮以保全年平安无事。❶许多地方修建了鲁班庙或鲁班祠，供奉鲁班神像，行会议事、订行规、订工价、师傅收徒等活动，都在鲁班殿内举行。

近年来，随着对传统文化的重视，鲁班故里城市、部分建筑类院校及建筑公司也会举办鲁班文化节活动，主题包括纪念祖师、交流技艺、表彰先进、传承非遗等不同形式。例如 2012 年 6 月 30 日，曲阜鲁班文化节举行启动仪式，开展了论鲁班技艺、游鲁国故都、学圣人智慧、谒班门圣地等主题活动。❷2013 年 6 月 15 日至 17 日，滕州市举行首届鲁班文化节，开展了纪念鲁班活动、传统文化高端讲座、《小小鲁班》卡通形象发布仪式、青少年科技创新"鲁班奖"大赛颁奖等多项主题活动。四川建筑职业技术学院以鲁班文化为引领，已举办十一届鲁班建筑文化

---

❶ 祁连休. 论我国各民族的鲁班传说 [J]. 民族文学研究，1984（2）：111-122.

❷ 刘玉明. 鲁班文化节启动仪式暨工圣鲁班诞辰 2519 周年祭典隆重举行 [EB/OL].（2012-08-07）[2023-10-23]. http://www.qfsq.com/news/view.asp?id=14949.

节，每年主题活动不尽相同，主要涉及专业技能竞赛、师生文艺汇演、建院师生论坛、校友讲坛等活动，旨在营造特有的建筑文化氛围，提高学生的动手实践能力和综合技能素质。2013 年 7 月 20 日，红星美凯龙在上海中华艺术宫举办"鲁班文化节"启动仪式，以现代视角解读鲁班精神，并挂牌成立鲁班家居学院，通过人员培训、专题研究、论坛交流等多种形式提高行业整体从业人员水平。

在民俗中，主要涉及鲁班庙会习俗、建房习俗、饮食信仰习俗、放风筝习俗等。鲁班庙会习俗与成语"班门弄斧"密切相关。班门弄斧的本义是想要出师的工匠们，必须在鲁班爷门前登台打擂比武，让鲁班爷看看是否够格。鲁班仙师升天后，"班门弄斧"的大比武便改成了各地工匠摆摊展销杰作的鲁班庙会。

民间建房习俗涉及择日、择地、破土、上梁、装饰、入住等多个环节，不同环节有各种不同的仪式和活动。其中，吉日上梁是一个非常重要的习俗。据说，建房祭拜鲁班的习俗始于唐朝，有的木匠把鲁班奉为木工神，在建房屋、上房梁的时候，要烧香祭拜鲁班。后来，建屋祭祀鲁班的风俗日渐形成。《鲁班经匠家镜》对"立木上梁仪式"进行了系统阐述："凡造作立木上梁，候吉日良辰，可立一香案于中亭，设安普庵仙师香火，备列五色钱、香花、灯烛、三牲、果酒供养之仪，匠师拜请三界地主、五方宅神、鲁班三郎、十极高真，其匠人秤丈竿、墨斗、曲尺，系放香桌米桶上，并巡官罗金安顿，照官符、三煞凶神，打退神杀，居住者永远吉昌也。"❶综观全国，"上梁"程序大同小异，主要包含引子、祝梁、祭梁、浇梁、升梁、抛梁、晒梁七部分。《鲁班经匠家镜》

❶　王有军. 民间建房"上梁"喝彩习俗探究［EB/OL］.（2012-03-21）［2023-10-23］. http://www.csxc.cn/skgj/yyyj/20120321/4390.html .

以 800 余字的篇幅，详细记载了一篇上梁文（即现在的喝彩词）。上梁文句式对仗，语言生动，内容丰富，通俗易懂，语句多押韵，从头到尾都透着捧呵之情、祝福之意。在西南少数民族传说中也有不少关于建房仪式祭祀鲁班的记载。❶根据布依族《木马》记载，布依族人建造新房要在鸡叫头遍时，先将围席、衣服、梳子等东西放在堂屋头祭奠鲁班和他的母亲，等到天亮以后才把新房子的柱头立起来。蒙古族《鲁班和旃班》讲到族人盖房子的时候，要在正堂屋里摆上一平升米，米上插一把等子和一把弯尺，以此纪念鲁班和旃班两位祖师的高贵品德，同时也祝愿自己的新房子能够在鲁班弯尺的顶立下永远坚固。房子建成后，他们会赠送给木匠师傅这一平升米和一套新衣服，祝愿他们像鲁班和旃班这两位祖师爷一样品德高尚、技艺精良。建房祭祀鲁班的仪式，不仅在传说中形成共同历史记忆，也在现实生活中得以延续。比如侗族在建房过程中要举行两大仪式：一是新房落成庆典，二是开财门仪式。开财门仪式中，造门的木匠师傅扮成鲁班仙师，来踩门的福人扮成财神，然后由仙师向财神发问，发问内容以一组问答歌表现。楚雄彝族工匠建房，会用木棍制作象征性的锯子、曲尺等模型，还会将写有"曲尺童子之神位""墨斗郎君之神位""赐封鲁班仙师鲁国公输子之神位"的三个神牌插入盛满米的斗中，举行祭祀仪式。

饮食信仰习俗主要与鲁班的"师傅饭"有关，各地有所不同。在滕州，有吃菜豆腐的习俗。菜豆腐做法简单，由几把青菜叶、一把黄豆瓣，外撒一撮食盐煮制而成，是鲁班爷留下的吃法，含有忆苦励志之意。如

❶ 熊威，张琴. 鲁班传说与中华文化认同——以西南少数民族为例 [J]. 民族文学研究，2022，40（04）：61-68.

今"菜豆腐"已走上了餐桌，被赋予不忘艰苦创业的寓意；"喝豆腐汤"也演变成了滕州人悼念送别先人行动的专用聚餐词语。在澳门，每年六月十三日举行鲁班师傅诞，派"师傅饭"是其中一项特别的传统活动，即用大铁镬煮白饭，再加上一些粉丝、虾米、眉豆等。在滕州等地，还有"吃鱼不吃头"的风俗，这与鲁班当"鲁寨班"的班头有关，由于鲁班的"鲁"字为"鱼"字头，因此，会因念想鲁班爷而不吃鱼头。另外，源于鲁班发明的石磨，滕州等地还有吃"石磨煎饼"等习俗。

5.5.3　数字化资源概况

对于民俗活动类文化资源，其数字化形式一般以文本描述、新闻报道为主，数字化程度相对较低，也有部分视频展示鲁班相关的民俗活动，但多与鲁班文化节活动报道密切相关。近年来，随着国家对工匠精神培育的重视，滕州、曲阜等地政府机构加强了对鲁班文化的宣传，打造了滕州鲁班科技文化节、曲阜鲁班文化节❶等年度纪念节日，举办了鲁班祭祀大典、"鲁班杯"建筑业（古建类）职业技能竞赛、鲁班锁拆装大赛❷等活动，因此，产生了节日活动新闻报道、节日活动策划方案、民俗活动视频等数字化资源，甚至利用了微博、微信等新媒体，拓宽了鲁班文化的传播渠道。

---

❶　济宁新闻. 第十八届中国曲阜鲁班文化节开幕［EB/OL］.（2023-06-17）［2023-10-23］. https://baijiahao.baidu.com/s?id=1768902130890716077&wfr=spider&for=pc.

❷　滕州新闻. 厉害 智慧比拼！龙泉文化广场的这项比赛，超燃！［EB/OL］.（2019-05-22）［2023-10-23］. https://baijiahao.baidu.com/s?id=1634157556672326045&wfr=spider&for=pc.

5.6 冠名类资源

5.6.1 资源类型界定

冠名，即在某个机构、场所、活动或产品上添加上一个特定的名称作为标识，以此来提高其知名度、美誉度和曝光率。鲁班作为我国历史上著名的工匠和发明家，是中国传统工艺和中华智慧的象征，是中华古代"工匠精神"的代表，他爱岗敬业、追求卓越、勇于创新等精神特质，也是现代人们所崇尚和追求的。因此，以鲁班冠名的事物往往也寓意着对于这种"工匠精神"的传承和发扬。2012年，胡开伟所著的《影响中国历史的100位历史名人》由外文出版社出版，科技篇记录的首位历史名人就是"巧夺天工的发明家——鲁班"。❶

因此，许多与鲁班相关的工艺、工具、发明、工程等常会以"鲁班"冠名，以此来彰显其高超的技艺和独特的价值。在现代商业营销中，也有企业或机构会以"鲁班"冠名产品或品牌，以达到吸引消费者的注意和提升购买意愿的目的。

5.6.2 传统形态资源概况

有关鲁班的冠名类资源有很多，主要分为以下几类：

（1）赛事冠名类资源。

主要是指在工匠技能或工程项目奖项评比中，以鲁班来命名比赛。

---

❶ 胡开伟. 影响中国历史的100位历史名人 [M]. 北京：外文出版社，2012：200.

如中国建设工程鲁班奖、"鲁班杯"高校 BIM 毕业设计大赛、"鲁班杯"济宁市建筑业（古建类）职业技能竞赛、"鲁班传人"职业学校学生技能大赛、"振兴传统工艺·鲁班杯"大赛等。

在赛事冠名类资源中，影响最大、历时最长的是中国建设工程鲁班奖。1987 年 4 月 10 日，中国建筑业联合会（中国建筑业协会前身）以（87）建联字第 16 号文发布关于设立"建筑工程鲁班奖"的决定，决定自 1987 年起设立建筑工程鲁班奖。截至 2017 年 11 月，中国建设工程鲁班奖（国家优质工程）已创立 30 周年，共有 2000 多家企业承建的 2246 个工程项目获了中国建设工程鲁班奖（国家优质工程），109 项获中国建设工程鲁班奖（境外工程）中国建设工程鲁班奖（国家优质工程）；获奖企业和工程项目遍布中国 31 个省、自治区、直辖市和香港、澳门特别行政区，以及交通、铁路、电力、民航、石油、化工、冶金、水利、煤炭、有色、建材、核工业、机械、航空、林业与信息等 21 个行业❶。鲁班奖的奖杯，将鲁班塑造成一个春秋时期鲁国装束的工匠，左手持墨斗曲于胸前，右手持"班母"拉出墨线停于腰侧。金像底座正面粘贴刻有获奖工程和承建单位名称的镀金标牌。鲁班奖的创立，为提高中国建设工程质量树立了高标准，为建筑业企业诚信经营树立"中国建造"品牌，为行业评价工程项目建立了一种创新激励机制，日益成为广大建筑业企业和业主树立崇高社会形象的荣誉追求。它对继承中国建筑优秀传统、弘扬中华民族建筑文化、推动企业科技进步和管理创新、促进工程质量管理水平升级和提高企业核心竞争力具有里程碑意义。

---

❶　北京雁栖湖国际会展中心等工程荣获"鲁班奖"［EB/OL］.（2017-11-07）［2023-10-23］. https://www.chinanews.com.cn/sh/2017/11-07/8370580.shtml.

（2）组织冠名类资源。

主要是指某个企业或机构在其名称中冠以鲁班的名字，并以鲁班发明创造精神作为组织的文化精髓，以此来提高其知名度和曝光率，如鲁班学校、鲁班研究会、鲁班研究院、鲁班软件公司、鲁班装饰集团、鲁班建设科技集团等。截至 2023 年 1 月，在爱企查（https://aiqicha.baidu.com/）中可以查到 44 个名称中包含"鲁班"的集团、品牌项目或投资机构，其中，大部分机构与建设工程相关，充分体现了建筑业等领域对鲁班的崇拜及对其工匠精神的认可。

另外，近年来发展起来的鲁班工坊国际影响力越来越大。鲁班工坊是天津市教委依据教育部与天津市共建《国家现代职业教育创新改革示范区》的协议要求，以鲁班的"大国工匠"形象为依托，采取学历教育与职业培训的方式，助力天津职业教育走出去，服务企业走出去的创新型国际化职业教育服务项目。

2016 年 3 月，由天津渤海职业技术学院与泰国大城技术学院共同建设的全球首家鲁班工坊正式揭牌，标志着中国职业教育走出国门，与其他国家分享优质职业教育资源。泰国鲁班工坊采用"学历教育 + 职业培训"方式，汇聚先进教学装备，集中优质双语教学资源，设立了自动化生产线教学区、仿生机器人学习体验区等 15 个教学实践区，让学生们能够更加直观地在各种机器上操作演练。据介绍，自 2016 年创立以来，泰国鲁班工坊培养当地人才 1227 人，还输送泰国学生 301 人来华接受高职教育。同时，泰国鲁班工坊还面向东盟国家职业院校师生开放，累计交流培训 1.2 万余人次。其设计采用人性化的设计和布局方式，坊内的背景设计、摆件和音乐都是中国元素，突出融入中国文化特色。2018年，国家主席习近平在中非合作论坛北京峰会上提出在非洲设立 10 个"鲁班工坊"，向非洲青年提供职业技能培训。2021 年 9 月，习近平主席又在上海合作组织成员国会议上指出，未来三年在上合组织国家建设 10 所"鲁班工坊"。[1] 7 年来，中外共合作创办 27 所鲁班工坊，涵盖了自动化、云计算、电子信息、动车组检修、工业机器人、城市热能应用等领域和专业。鲁班工坊弘扬工匠精神，助力共建"一带一路"，成为促进各国共同发展的技术驿站，架起了中外人文交流、民心相通的重要桥梁。[2] 作为我国职业教育在国外的一种技术技能服务、技术文化传承的交流合作窗口，鲁班工坊的建设与发展将直接促进输入国对我国技术技能、企业标准的认知、理解与接纳，提升中国企业在国际上的竞争力，服务国家"一带一路"合作倡议，以及落实《中国制造 2025》规划中国家重点产业国际化布局战略。[3]

（3）产品冠名类资源。

主要是指某个产品冠以"鲁班"的名字，以此来提高产品的知名度和认可度，如鲁班木质玩具、鲁班尺、鲁班积木、鲁班切割片等。其中，以鲁班锁类产品最多，主要面向 14 岁以下儿童，涉及乐智由我、小印象、奇艺、米米智玩、三格田、米小狸魔金等多个品牌，涉及木质、合金、塑料等多种材质，是最为常见的以鲁班冠名的文创产品。

（4）其他形式。

鲁班被誉为"百工圣祖"，还代表着中国传统手工艺的发展和历史文化传承，因此，很多与工匠传统文化、历史遗产等相关的活动、节庆

---

[1]　杨朝明. 阐发鲁班文化 倡导工匠精神［EB/OL］.（2023-03-21）［2023-10-23］. https://baijiahao.baidu.com/s?id=1760965834069420875&wfr=spider&for=pc.

[2]　鲁班工坊——弘扬工匠精神 增进人文交流［EB/OL］.（2023-04-25）［2023-10-23］. https://baijiahao.baidu.com/s?id=1764108179212642821&wfr=spider&for=pc.

[3]　吕景泉，杨延，芮福宏等. "鲁班工坊"——职业教育国际化发展的新支点［J］. 中国职业技术教育，2017，617（01）：47-50.

甚至遗址，也会以鲁班冠名，以此来强调其与中国传统文化的联系，如鲁班牌坊、贤圣路、鲁班巷、鲁班暗沙、鲁班峡、鲁班镇、鲁班胡同、鲁班大厦等。另外，也会有些品牌或企业出资赞助与鲁班相关的影视节目，以表达对鲁班及鲁班工匠精神的推崇，如君乐宝推出的"小小鲁班"奶粉。

总之，鲁班冠名类资源多种多样，但都与鲁班的形象和价值密切相关，表达了对于传统工艺、创新精神、历史文化传承等的追求和尊重。

5.6.3 数字化资源概况

随着网络信息技术的发展，冠名类鲁班资源呈现出网络平台类冠名资源、机器人类冠名资源、元宇宙类冠名资源等新类型，呈现出数字化、智能化等特征。

（1）网络平台类冠名资源。

主要是指标识名称中含有鲁班的互联网平台，该类网络平台或倡导传播鲁班的创新及工匠精神，或以鲁班背书提高平台的知名度曝光度。如鲁班到家平台（https://www.lbdj.com/）、圣匠鲁班工坊（http://www.lubaneducation.com/）、鲁班用工电子合同平台（https://www.lubanyonggong.com）等。其中，鲁班到家平台影响力较大。

鲁班到家平台是全国领先的智能家居售后服务平台，拥有庞大的专业人员体系和成熟的数字化售后方案，服务家居企业超 150 万家，贯穿整个智能家居上下游产业链。平台以 S2B2C 模式聚合全国 200 万＋蓝领技工，提供家具建材、家电设备、项目工程"最后一公里"的"同城配送、安装、维修、量尺、搬运、返货"等一站式技能服务。❶平台组建直属

---

❶ 鲁班到家品牌介绍［EB/OL］.（2018-01-10）［2023-10-23］. https://www.lbdj.com/about/.

专业施工团队 2000 多支，承接全国工程项目的"到货卸货、分货上楼、专业安装、成品保护、现场清洁、安装自检、验收交付、维修质保"等一站式服务。托管服务的工程涉及新楼盘精装、城市旧改、酒店、办公楼、厂房、商场、医院、学校、展厅、文娱体育等项目。基于多年的服务数据沉淀及自身研发的大数据管控算法，推动了家居行业服务数字化升级，为家居企业提供了涵盖托管式下单服务、可视化服务管控、标准化服务交付等方面的数字化服务管控体系，解决了行业售后服务收费不合理、响应速度慢、过程不透明等诸多痛点问题，将售后率降低至 0.05%，提升了智能家居行业消费体验。在鲁班到家平台鲁班工匠栏目中，用户可以筛选技能精湛的智能家居专业师傅，提供智能锁、智能卫浴、智能晾衣架、智能窗帘等多个类目的智能家居技术服务。鲁班到家平台制定了"三个 100%"严把师傅关，从师傅入驻鲁班到家平台起，就要求每位师傅必须 100% 实名认证、100% 技能考核、100% 新手培训，才能持证试单，通过新手期后才可以正常接单。❶品牌名称"鲁班到家"阐释了平台志在弘扬鲁班工匠精神的使命，坚持以工匠精神的标准要求员工，以工匠精神的标准诠释服务，让每一个客户因专业而选择，让每一个家庭因服务而温暖。

（2）其他网络冠名类资源。

主要是指标识名称中含有"鲁班"的其他网络空间资源，主要包括智能机器人、元宇宙空间、网络游戏等。该类资源一般为创新性数字产品，智能化程度、服务效率较高，如 AI 广告设计师"鲁班"、鲁班立方网络游戏等。

---

❶ 网易专访鲁班到家邓崴：升级数字化售后 赋能智能家居行业［EB/OL］.（2022-08-17）［2023-10-22］. https://baijiahao.baidu.com/s?id=1741393406892364473&wfr=spider&for=pc.

2016年天猫"双十一"购物节，AI广告设计师"鲁班"首次登场，最终制作了1.7亿张广告banner，点击率提升100%。2017年"双十一"购物节，"鲁班"设计了4亿张商品展示广告，平均每秒可实现设计8000张海报，并且每张海报会根据商品图像特征专门设计，让千万级"尖货"都能被恰当呈现，为消费者提供最好的产品、最好的服务、最好的创意。❶"鲁班"源自工程师们的玩笑话"让天下没有难撸的banner"，谐音即"鲁班"，反映了工程师们希望发明设计工具，让设计师们更好地工作。"鲁班"（http://www.lubanner.com/）通过人工智能算法和大量数据训练机器学习设计，用算法、数据、计算、场景去解决具体的工作任务，用户输入商品和文案内容，系统会自动匹配素材设计出符合该品牌调性的广告海报，是人工智能时代鲁班创新精神的创新性发展和创造性转化。

在网络游戏方面，与鲁班相关的游戏有很多，大部分与鲁班的传奇故事和鲁班的发明有关。"鲁班立方"是一款休闲益智类游戏，以鲁班的传奇故事为背景，玩家需要通过旋转和点击等方式，将鲁班立方体还原成原始形态。该游戏既考验玩家的智慧和能力，也传承了鲁班的智慧和创造力。鲁班锁游戏是一款休闲益智娱乐类的手机游戏，游戏还原中国民间的智力玩具鲁班锁的玩法，让人们更加细致地了解鲁班锁的设计奇妙之处及玩法。鲁班拼图是一款休闲类游戏，玩家需要通过拼接不同的零件，帮助鲁班建造出各种奇妙的机关和机械，该游戏以鲁班的机关设计和创造力为核心，让玩家在游戏中体验到鲁班的智慧和创造力。总

❶ 刘玉明. 这个叫鲁班的设计师真的不是人，双11期间每秒做8000张海报［EB/OL］.（2017-11-12）［2023-10-22］. https://www.sohu.com/a/203938560_187391.

之，与鲁班相关的游戏多种多样，不同类型的游戏从不同的角度融入鲁班的智慧和创造力元素，让玩家更好地了解和体验这位伟大发明家的生平和发明。

综上所述，鲁班文化资源丰富多彩，类型多样，不仅包含物质文化遗产，还包括丰富的非物质文化遗产，是中华民族创新的源泉。但是，相比儒家文化等其他传统文化资源而言，鲁班文化资源的数字化程度还不高（表 5.2），亟待充分利用新一代网络信息技术，加强鲁班文化的新媒体传播。

表 5.2　鲁班文化资源分类及其数字化现状汇总

类型	资源概况	资源数字化情况
文献类资源	指以书面语言形式记载的有关鲁班的文字材料，以书籍、期刊、报纸等为主要载体，横跨时空较长，数量大、传播范围广。记录鲁班文化的古代典籍主要有：《四库全书》《鲁班经》等；近现代有关鲁班文化的文献，主要包括记录鲁班传说、鲁班故事的文学类书籍，《鲁班经》的翻印与解读，鲁班研究文献等	数字化程度最高，资源数量最多，检索利用最为方便，主要分散在文渊阁四库全书、中国知网、超星数字图书馆等国内各大信息资源数据库中，资源质量较高，传播范围较广。另外，《绘图鲁班经》电子版、《鲁班全书古典真本》等多分散在网盘、软件下载中，版本来源难以鉴定，其权威性、可靠性难以分辨
纪念场馆类资源	是指具有较高认知、美学或科学价值的追忆鲁班先师的有形文化资源，主要包括文化遗迹、纪念场馆、雕塑画像等，散布在滕州、曲阜、天津、韩国、马来西亚等多个国家和地区	数字化程度较低，形式相对单一，主要以图片为主，且分散在相关新闻报道、参观旅游感悟、文化遗迹介绍等文章当中，图片的清晰度、艺术性等因信息发布者而异，可以通过图片搜索来获取

类型	资源概况	资源数字化情况
工艺器具类资源	指鲁班发明创造的各类器具、工艺技术等资源 　　器具主要包括木工器具、农用器具、建筑、军用器械、家居用品、仿生器具等。鲁班工艺又可以细分为传统和现代两类。传统的鲁班工艺主要指划墨、取线、制隼、制卯、雕刻、拼构、斧正、凿孔、刨光、铲削等木工工艺。现代鲁班工艺拓展为建筑工程鲁班奖相关的建筑工艺	发明器具类资源数字化程度较高，主要分散于相关的儿童教育视频和网页介绍中；而有关鲁班木工工艺的介绍，尤其是传统鲁班工艺，无论纸质资料还是数字化资源均较少，是下一步数字化资源建设的重点
民间文学类资源	指在民众生活中传承的口头文学作品，主要包括神话、民间传说、民间故事、民间歌谣、民间叙事诗、民间小戏、说唱文学、谚语、谜语、曲艺等体裁。其中，传说的数量最多，内容涉及多个方面，在汉族、白族等多个民族中流传	数字化形式丰富，数字化程度较高，主要体现为经过加工整理的民间文学作品，分散于数据库、网页、数字化报刊、网络视频中。但相关民间歌谣、民间叙事诗的数字化资源主要以文本介绍为主，难以体现文化资源的原貌
民俗活动类资源	指相关的各种风俗习惯、传统民俗活动、节庆活动等资源。在民俗活动中，以祭祀鲁班活动为主。在民俗中，主要涉及到鲁班庙会习俗、建房习俗、饮食信仰习俗、放风筝习俗等	数字化程度较低，以文本描述、新闻报道为主，鲁班文化节方面的数字化资源较为丰富，不仅包含活动新闻报道，还可以见到活动策划方案、活动视频等数字化资源，甚至利用了微博、微信等新媒体，拓宽了鲁班文化的传播渠道
鲁班冠名类资源	指以鲁班冠名的相关工艺、工具、发明、工程等资源，常以冠名来彰显其高超的技艺和独特的价值。主要包括：赛事类冠名资源、组织类冠名资源、产品类冠名资源等	数字化程度较低，主要体现为网络平台冠名、智能机器人冠名等形式，提升了鲁班文化传播的时空范围，易受到年轻网民的关注

第 6 章

鲁班文化全媒体传播的技术路径

当前，新旧媒体加速融合，文化数字化技术更加先进，传播范围、效率进一步提升。因此，充分利用5G、人工智能等新一代信息技术，将鲁班文化资源以人们喜闻乐见的方式进行全媒体传播，将进一步拓宽鲁班文化传播的时空范围，提高传播效率，为鲁班文化传播注入新的活力。本章主要借鉴其他中华优秀传统文化全媒体传播的经验，探讨如何将新一代信息技术应用于鲁班文化全媒体传播中。

6.1 以云平台技术连接受众

6.1.1 云平台技术文化应用

云计算平台也称为云平台，是指基于硬件资源和软件资源的服务，提供计算、网络和存储能力。❶云平台可以划分为以数据存储为主的存储型云平台，以数据处理为主的计算型云平台及计算和数据存储处理兼顾的综合云计算平台。随着信息技术的发展，云游览、云看展、云赏花等云上旅游活动备受青睐。利用云平台技术，不仅可以加强文化资源的数字化存储，也可以提供一站式的云服务，还可以有效将线上线下文化传播活动联系起来。

2016年8月，由山东广播电视台齐鲁网承建的齐鲁优秀传统文化服务云平台正式亮相第六届山东文化产业博览交易会，这是山东首个、也是唯一一个传统文化服务云平台首次公开亮相。❷齐鲁优秀传统文化服

---

❶ 刘洋.基于信息融合技术的大数据云存储技术探究[J].信息技术与信息化，2019(09)：228-229，232.

❷ 山东首个传统文化服务云平台亮相第六届省文博会［EB/OL］.（2016-08-25）［2023-10-22］.http://news.iqilu.com/shandong/yuanchuang/2016/0825/2993340.shtml.

务云平台（http://kongzi.iqilu.com/index.shtml）是齐鲁网运用云计算技术策划的山东首个传统文化服务云平台，旨在利用新媒体技术手段，打造网上百科全书和多媒体、社交化的资源宝库和国际文化交流平台，探索"互联网 + 传统文化"新模式，让网友在学、玩、用中传播传承传统文化，是齐鲁优秀传统文化与市场需求相结合的"互联网 +"示范工程。在齐鲁优秀传统文化服务云平台中，主要采用了云计算和 VR 技术打造了具有齐鲁文化特色的虚拟展厅，设有红色文化展厅、齐文化展厅、杏坛在线展厅、文化遗产展厅、山东历史沿革与文化建设成就展厅、尼山书院展厅、人物展厅、全景展厅等。因此，通过该云平台，网民可以一键收听《论语》，可以对三孔景区进行 720°全景 +VR 文化体验；可以通过非物质文化遗产传承人在"展馆"实现实时互动……让人们足不出户就可以漫步云端，畅享齐鲁文化云服务。但遗憾的是，由于齐鲁优秀传统文化资源丰富多彩，文化名人众多，既有儒家先圣、先秦诸子、辅国良相，又有文人墨客、国学大师，因此，人物展厅仅在先秦诸子中对鲁班的生平进行了人物简介，媒体形式较为单一，不足以反映鲁班文化全貌，因此，还有待于在后续工程中进一步优化相关板块内容，丰富其媒体表现形式，拓展其传播范围。由滕州市鲁班研究会主办的中国鲁班网（http://luban.tengzhou.gov.cn/）汇聚了较多的鲁班文化资源。在该网站，设有鲁班研究、研究名家、图片集锦、遗迹探访、学会信息、鲁班百科、鲁班传说、鲁班文化节、鲁班讲堂等多个栏目，既包含鲁班文化基础研究成果，也有鲁班遗迹等文化资源，还有鲁班文化节的相关资源报道，是鲁班文化资源较为集中的平台，对推动鲁班文化数字化传播起到重要作用。但相比而言，该网站新技术应用较少，如点击鲁班网上展厅，却显示 403 错误，找不到展馆入口，仅能在网站上看到鲁班纪念馆宣传视频和少量图片介绍，因此，还有待于进一步丰富资源表现形式，加强新一代信息技术在鲁班文化网络传播中的应用。

6.1.2 云平台技术与鲁班文化传播

对于鲁班文化的传播，可以充分利用云平台技术，由鲁班故里等相关政府部门主导，打造鲁班文化云服务平台，将各类鲁班文化资源数字化，最终形成集虚拟展厅、视频、音频、电子书等多种形式于一体，表现形式丰富多样、资源查询利用便捷的一站式平台，向人们提供云服务。在此过程中，面向鲁班文化传播的需求，将涉及鲁班文化的各类资源进行标准化处理和集中存储，提供鲁班文化相关的鲁班纪念馆虚拟场馆、鲁班主题公园网上展厅、鲁班发明器具、鲁班发明创造故事、鲁班工艺传人、鲁班奖获奖工程、鲁班学会协会新闻、鲁班研究会议、鲁班文化微信公众号入口和鲁班文化节活动等多类资源。

6.2 以5G技术丰富传播形式

6.2.1 5G技术文化领域应用

5G技术即第五代移动通信技术，是具有高速率、低时延和大连接特点的新一代宽带移动通信技术。5G通信设施是实现人机物互联的网络基础设施[1]，有效拓展了文化信息传播的时空范围。在国家大剧院最大的剧场，一场演出最多也就能容纳2000多名观众观看。而同样的演出进

---

[1] 百度百科 5G ［EB/OL］．（2021-04-23）［2023-10-22］．https://baike.baidu.com/item/5G/29780?fr=ge_ala.

入网络直播间，观众会立刻变成几十万甚至上百万，大大拓展了文化艺术的传播边界。在它的"加持"下，京剧、昆曲、民乐、书法、泥塑等传统文化艺术，似乎被插上了翅膀，纷纷从各自的小天地飞向社会的大舞台。因此，5G 技术已引发了视听传播生态的革命性巨变，传统文化视听节目在内容和传播方面均获得了颠覆性转变，为受众提供了一场场个性化的、沉浸式的审美体验。❶在新的媒体环境下，需要强化 5G 赋能，协同多屏共振，关注受众需求，多维度探寻视听传播策略，推动传统文化在 5G 赋能下的媒介创新和数字传播。

5G 在文化领域的创新应用将助力文化和旅游行业步入数字化转型的快车道。其应用场景主要包括 5G 文博展览、5G 线上直播等。

5G 文博展览可支持文物全息展示、5G+VR 文物修复、沉浸式教学等应用，赋能文物数字化发展，深刻阐释文物的多元价值，推动人才团队建设。河南博物院、湖北博物馆、山西省博物馆等省级文物管理机构，尝试运用 5G 技术搭建了智慧博物馆，为拓展传统实体博物馆传播时空范围助力。例如，湖北省博物馆、湖北移动公司、中移在线公司、华为公司、渲奇公司联合打造的"5G 智慧博物馆"App，涵盖馆所介绍、5G 精品文物、智美省博、观览攻略、互动体验馆等多维模块，对湖北省博物馆进行了线上"还原"。❷通过对湖北省博物馆进行全景拍摄和后期处理，打造全景线上博物馆，使远在千里之外的游客也能身临其境，随时随地亲密接触曾侯乙编钟、越王勾践剑等荆楚国宝文物。360° 全景直播是该应用的亮点之一。通过在现场布放 5G 全景摄像头，湖北省博物

---

❶　雷雪. 5G 赋能传统文化影视节目的视听传播［J］. 声屏世界，2023（07）：5-7.

❷　5G 唤醒沉睡千年的历史［EB/OL］.（2021-04-23）［2023-10-23］. https://www.cnii.com.cn/rmydb/202104/t20210423_272205.html.

馆对曾侯乙编钟等部分精品文物进行直播，游客通过手机可以对直播画面中感兴趣的文物进行放大或缩小，以观看细节。现场参观时，观众可通过手机直接扫描展示文物，通过视频、语音讲解、3D文物影像、计算机视觉AR技术，呈现一套丰富的掌上展播。在线下综合馆大厅的体验区，曾侯乙编钟经全息投影亮相，徒手即可"敲响"，观众佩戴VR眼镜、手持VR手柄，就可以化身战国乐师，并可自选乐曲，在系统的提示下完成演奏，感受与文物近距离接触的魅力。

5G直播技术还支持多屏、多角度沉浸式观赏体验，有助实现传统曲目线上线下高清直播，并以其特有的真实感、代入感，为高雅艺术、传统文化的传播和创新提供广阔空间，符合网民通过直播获取信息、进行娱乐放松的信息消费习惯。当前，网络直播已成为用户获取信息的重要渠道，截至2023年6月，我国网络直播用户规模已达7.65亿人，占网民整体的71.0%。[1]据抖音数据显示，2022年包括戏曲、乐器、舞蹈、话剧等艺术门类的演艺类直播在抖音开播超过3200万场，演艺类直播打赏收入同比增长46%，超过6万名才艺主播实现月均直播收入过万元。[2]与此同时，公益化内容也广受关注。数据显示，阿里公益与淘宝直播共同主办的"热土丰收节"有超过1万名乡村主播参与活动，2022年9月以来，淘宝直播开展20万场村播，吸引超过7亿次消费者观看，带动400万订单量。[3]《2022抖音知识年度报告》显示，越来越多的"国潮"

[1] CNNIC. 第52次《中国互联网络发展状况统计报告》[EB/OL].（2023-08-28）[2023-11-24]. https://www.cnnic.net.cn/n4/2023/0828/c88-10829.html.

[2] 人民网. 抖音发布演艺直播报告：近一年演出类直播超3200万场[EB/OL].（2022-11-09）[2023-11-24]. http://ent.people.com.cn/n1/2022/1109/c1012-32562348.html.

[3] 央广网. "热土丰收节"阿里公益直播盛典收官 万名村播庆丰收[EB/OL].（2022-09-26）[2023-11-24]. https://tech.cnr.cn/techph/20220926/t20220926_526020323.shtml.

和非遗项目通过抖音传播。2022 年 8 月，"故宫处暑时·抖音百科奇妙夜"的直播，开始不到半小时观看量就破千万人次。2022 年 6 月，由尼山世界儒学中心主办，孔子博物馆与山东广播电视台文旅频道共同协办了"人间孔子·2022 文化和自然遗产日走进孔子博物馆"直播活动。网友通过闪电新闻、央视频、孔子网、人民视频、新华网、今日头条、文旅慢直播、快手、抖音、百度、新浪直播、哔哩哔哩等十余家网络平台同步收看直播，全网观看量超 812.2 万人次，受到全网热议。"孔博二十四节气时令服惊艳亮相"话题荣登微博全国要闻榜第 10 位，话题冲上同城热搜第 2 位，真正实现了文化遗产的全民共享。❶

2023 年上半年，网络直播行业延续了良性发展态势，以数字人虚拟主播为代表的新兴产品技术帮助实现行业降本增效。此外，网络直播还成为宣传特色文化、拉动地方经济的有力工具。多家互联网企业在 2023 年上半年发布网络直播相关产品，在提升制作效率的同时有效降低成本。例如百度、腾讯云等企业均推出了数字人虚拟主播相关产品，让用户提交少量样本数据即可进行训练，24 小时内就能制作出与真人近似的虚拟主播。科大讯飞发布了"讯飞智作"内容创作平台，依托人工智能技术构建虚拟直播室，输入文稿即可完成视频直播。不仅如此，在网络直播中，受众的年轻化以及审美的多元化，也反过来推动了传统文化表达方式的创新转型。2023 年 3 月，贵州省首届"美丽乡村"篮球联赛（"村BA"）通过快手等网络直播平台进行宣传，线下的激情与热血通过网络直播间在线上延续，不少球迷用户在直播间实时观赛、积极互动，并通过短视频分享精彩时刻、记录进球瞬间。赛事相关话题视频总播放量

---

❶ 杨晓玉. "人间孔子·2022 文化和自然遗产日走进孔子博物馆"直播活动回顾［EB/OL］.（2022—06—12）［2023—10—12］. https://www.kzbwg.cn/news/wb/2022-06-20/2123.html.

达 4.5 亿人次，"村 BA 主题曲太上头了""村 BA 又开打了""村 BA 最接地气的加油方式"等诸多话题登上站内热榜，全网热榜累计达 161 个。❶ 在本次比赛期间，快手平台还发布村 BA 篮球系列纪录片《村 BA "全民心"》，讲述小寨村热爱篮球的故事，展现当地篮球文化和乡土文化底蕴，收获了超 3500 万人次的播放量。通过"线下赛事＋线上内容"联动，"快手村 BA"充分激发和释放乡村体育力量，也推动完善了平台上群众体育生态建设。精彩赛事也收获诸多媒体关注，新华社、《人民日报》、中央电视台新闻推出同步直播，带领亿万网友为贵州乡村篮球加油，此外，还有超百家媒体立体化报道，全方位展现对决热潮。此次赛事共吸引观众和游客 12 万人次，直接拉动当地服务行业消费破千万。❷

6.2.2 5G 技术与鲁班文化传播

当前，网络上也有少量鲁班文化直播的作品。"龙猫旅行季"是旅游直播和短视频领域的热门达人，在百家号、B 站等多个平台有注册账号，入选畅玩网络（18183 手游网）达人库，"粉丝"约 3.8 万人，曾在 2021 年 1 月 10 日直播其参观滕州鲁班纪念馆的经历，其直播视频至今可以在好看视频平台见到。但与"走进孔子博物馆"等影响力较大的直播活动相比，影响力较大的鲁班文化直播较少，还有待于进一步加强

---

❶ 信网. "快手村 BA"贵州站直播总观看人次超 3 亿 燃情夏日掀起乡村体育运动热潮［EB/OL］.（2023-06-15）［2023-09-12］. https://baijiahao.baidu.com/s?id=1768720462085604616&wfr=spider&for=pc.

❷ 贵州省体育局. 特写：创下多个纪录！回望贵州省首届"美丽乡村"篮球联赛［EB/OL］.（2023-03-29）［2023-09-12］. https://www.sport.gov.cn/n14471/n14495/n14543/c25382433/content.html.

与直播平台的合作创新。

因此，对鲁班文化传播，可以利用 5G 技术开展网络直播，传播鲁班文化遗迹、鲁班工艺及赞扬鲁班的民间曲艺。例如，邀请文化或旅游达人，直播鲁班纪念馆场景，邀请行业内知名艺术家表演赞扬鲁班的民间曲艺（如鲁促会会歌《鲁班颂》、山东快书《鲁班造磨》等），并以高清视频的形式保存发布，扩大鲁班文化传播的时空范围。也可以在网络直播柳琴戏剧目《鲁班与墨子》，或将该柳琴戏剧目切分为多个短视频，让更多的人通过网络视频了解鲁班生活的历史背景、鲁班发明创造的过程及鲁班与墨子的相处故事等，从而传承鲁班精益求精的工匠精神。

另外，借鉴鲁班工匠精神的全媒体传播经验，还可以利用 5G 技术通过直播或短视频平台传播鲁班传说、鲁班工艺或《鲁班经》等知识，尤其是可以加强有关鲁班纪录片的制作。当前，在 B 站、好看视频等平台上，有《鲁班巧艺》《鲁班在当代》《匠心筑梦——走向世界的鲁班工坊》等多部与鲁班相关的纪录片。尤其是 2016 年 6 月 5 日由中央电视台《探索发现》栏目录制的《手艺》第六季之《鲁班巧艺》纪录片❶，播放点击率最高，该纪录片介绍了 2600 年前鲁班发明的鲁班枕及工艺。鲁班枕是用一整块木头经过锯、刨、磨、钻、凿、抠等工序完成，未曾斩断任何一个接口，未曾用一块角料，基本上是靠"以缺补缺的方法"，一锯一凿，两面相互契合，天衣无缝。为了复活一门老手艺，传承人李文涛完美地诠释了"穿越千年的心意相通"，使更多人了解了鲁班工艺和鲁班的工匠精神。

---

❶ 探索发现《手艺》第六季之《鲁班巧艺》［EB/OL］.（2016-06-05）［2023-09-12］. https://tv.cctv.com/2016/06/05/VIDE1Rxu2C8UOfv4XSEtwblT160605.shtml.

6.3 以 VR 技术增强用户体验

6.3.1 VR 技术文化领域应用

虚拟现实（VR）技术是将多媒体技术、计算机图形技术、传感技术等集合后通过模拟环境、感知、自然技能等，让人类在计算机生成的、实时生动的三维立体逼真图像中感知听觉、力觉、触觉等并随之产生人体肢体、器官动作的技术。❶创造 VR 一词的计算机学家杰伦·拉尼尔认为，VR 是通过技术创造的另一种现实，这种现实可以是对真实世界的模拟，也可以是人类梦想的投射。VR 可以整合视、听、触、嗅、味等多种信息渠道，具有沉浸性、交互性、自主性的特点，能使用户忘记所处的现实环境而融合到虚拟世界中去，并可通过交互设备直接控制虚拟世界中的对象。❷

现在，虚拟现实技术已经广泛应用于旅游景点体验服务和传统文化传播中❸，许多线下场馆会利用虚拟现实技术，模拟创建三维虚拟的展馆空间，为用户提供集听觉、视觉、触觉等于一体的虚拟环境，提高数字文化资源的临场感、超文本性和交互性。❹VR 展馆通过云端 VR 技术，提供虚拟场景搭建、VR 直播、分享等端到端服务；在有限的展台空间

---

❶ 王井.浅谈 VR 技术与技工学校汽修专业的结合［J］.内燃机与配件，2019（19）：264-265.

❷ 微竟速百科.虚拟现实技术有哪些形容词？［EB/OL］.（2023-08-02）［2023-10-23］.https://www.weijingsu.com/baike/52953.html.

❸ 郭正奕.基于 VR/AR 技术的中华传统文化传播研究［J］.文化创新比较研究，2021，5（32）：50-53.

❹ 王丽.VR/AR 助力非遗文化教育传承路径探究——以传统医药为例［J］.传媒论坛，2022，5（02）：76-78.

中，提供空间无限的、全方位、沉浸式产品展示，有利于提高用户的体验和兴趣。例如在宣传红色文化的过程中，中国人民革命军事博物馆就举办了庆祝中国共产党成立 100 周年 VR 展❶、纪念中国人民志愿军抗美援朝出国作战 70 周年主题展览 VR 展❷、庆祝中国人民解放军建军 90 周年主题展览❸等多个 VR 展，可以让网民足不出户参观红色展馆，解决了部分场馆高峰期客户分流的问题。在这些线上展馆中，参观者既可以采用自动导览模式，也可以利用导航自行选择参观经典，还可以实现留言、点赞、搜索等互动操作。例如 2021 年 6 月 28 日，《在党的旗帜下前进——人民军队庆祝中国共产党成立 100 周年主题展览》在中国人民革命军事博物馆正式开展，展览共展出 1580 余件珍贵文物、800 多张照片以及大量历史文献、艺术品和视频等，集中反映了党缔造和领导人民军队成长的历程，展示了中国军队推进新时代强军事业的实践与成就，具有厚重的历史感和浓烈的时代感，令人深受感染与震撼。

6.3.2 VR 技术与鲁班文化传播

由于场馆类资源是鲁班文化资源中较为丰富的资源类型，因此，鲁班文化传播过程中，可以充分利用虚拟现实技术在线上展示鲁班纪念馆、鲁班文化馆、鲁班庙等线下场馆或文化遗迹，实现虚拟场景漫游、体验，

❶　人民军队庆祝中国共产党成立 100 周年主题展览［EB/OL］．（2022-06-02）［2023-09-12］．http://bnz.jb.mil.cn/?spm=0.0.0.0.v5gXIZ.

❷　纪念中国人民志愿军抗美援朝出国作战 70 周年主题展［EB/OL］．（2020-10-02）［2023-09-12］．https://kmyc.jb.mil.cn/pano?sceneId=scene_1.

❸　央视网．砥砺奋进的五年大型成就展网上展馆［EB/OL］．（2023-07-02）［2023-09-12］．http://dlfj5.cctv.com/tour.html?startscene=scene_7-0-1.

为用户提供集听觉、视觉、触觉等于一体的虚拟环境，提高鲁班文化资源的临场感、超文本性和交互性，提供跨时空、交互式鲁班文化的数字资源服务。而对于鲁班锁、鲁班枕等制作工艺，以及建房上梁等民俗，也可以采用虚拟现实技术进行工序拆解、角色扮演模拟，使用户进行模拟体验。

在互联网上已可以查阅到鲁班相关的虚拟展馆，如鲁班纪念馆 VR 展馆（http://www.zhanguansheji.cn/VR/luban/）、鲁班文化馆 VR 展馆（http://lb.izsw.net/index/bim720_view?index=1）。其中，鲁班纪念馆 VR 展馆是由山东智业文化产业集团基于山东省枣庄市滕州市鲁班纪念馆制作的线上虚拟展馆，提供了外景、公祭大厅、木器厅、百工厅（一）、百工厅（二）、石器厅、怀古厅（一）、怀古厅（二）、今日班门厅（一）、今日班门厅（二）、出口等十余个选择场景，可以 360° 环视鲁班发明的石磨、磨盘、碌碡、石槽等器具。该 VR 场馆界面还配有音乐和解说，并提供在线预约游览、进入官网等服务链接，但无法正常访问。鲁班文化馆 VR 展馆由展视网和广联达公司联合制作，提供了入口、百工圣祖、匠心精工、鲁班文化内部 1、鲁班文化内部 2、鲁班文化展示、神功巧思左、神功巧思右、智慧之光、走廊左、走廊右等十余个选择场景，在该 VR 场馆中，可以沉浸式体验鲁班的匠心精工、神工巧思，感受鲁班作为大国工匠的智慧，深入了解鲁班诞辰、鲁班文化节等纪念活动。虽然这些虚拟场馆能够为网民提供鲁班文化纪念场馆的沉浸式体验，但由于这些资源的大部分入口为非鲁班相关的门户网站，因此，访问量一般，还有待于在鲁班门户类网站中建立网络链接，并进一步加强相关宣传，让更多的人通过互动式体验感受鲁班文化的魅力和时代价值。

6.4 以 3D 技术增强传播效益

6.4.1 3D 技术文化领域应用

3D 扫描打印技术也可以称作快速成型技术或者增材制造技术。3D 扫描打印技术将数字模型作为创作的基础，使用专业的计算机系统完成软件分层离散和数控成型，通过热熔喷嘴和激光束等方式来打印耗材，之后进行逐层的堆积和黏结，使用的是特殊材料如陶瓷粉末、细胞组织、金属粉末等，最后通过叠加塑造成型，实现数字三维模型到实物的转化。❶通过 3D 数字建模，可以实现对文化遗产的数字化生成，精细、逼真地再现或者还原已经消失在历史长河中的遗迹，开辟了传统文化"数字永生"的新路径，也进一步拉近了大众与文化遗产之间的距离。

当前，3D 打印机的精度已达到 0.1 毫米级，即使模型微缩到很小的尺寸，也能够保留古代文物细节，因此，3D 扫描打印技术已被应用在诸多文化场馆。2021 年，在故宫腾讯沉浸式数字体验展上，高达 8 米的裸眼 3D 视觉装置亮相深圳，将净高 5.3 米的乾隆年间窑瓷器《粉彩开光四季山水图转颈瓶》相较实物放大 22 倍，通过营造春、夏、秋、冬的四季效果，让文物动态地呈现在观众面前。❷截至 2022 年年底，敦煌研究院已完成 289 个洞窟的数字化摄影采集，178 个洞窟的图像处理，45 身彩塑、140 个洞窟、7 处大遗址的三维重建，162 个洞窟的全景漫游节目制作，以及 5 万余张档案底片的数字化，实现了敦煌石窟的高清

---

❶　张前 . 定格动画中 3D 打印技术的应用概述 [J]．艺术科技，2017，30（08）：109.

❷　全感沉浸＋裸眼 3D＋千年文脉数字演绎：深圳必看酷展 [EB/OL]．（2021-12-20）[2023-10-22]．https://m.thepaper.cn/baijiahao_15900381.

图像全球共享。❶

6.4.2 3D 技术与鲁班文化传播

对纪念场馆类、工艺器具类等鲁班文化资源，可以借鉴敦煌研究院的数字化经验，增加 3D 扫描打印技术应用，如通过三维激光扫描仪，对鲁班发明的各类器具进行数据采集，实现对实体文物的三维建模，最终实现鲁班发明器具的数字化保存、管理以及 360° 展示。运用 3D 打印技术，还可以将难以移动的珍贵鲁班建筑设计发明进行打印和数字化保存，甚至向人们提供鲁班发明的 3D 扫描打印体验服务。近几年来，上海科技馆在暑假为青少年们设置了"3D 打印创客课堂"❷，课程内容之一就是利用 3D 建模打印鲁班锁，让孩子们借助 3D 技术，自己动手体验榫卯结构的中国智慧与匠心精神，返璞归真体验古代木工技艺的奇妙。另外，在设有古建专业的院校里，还可以利用 3D 扫描打印技术制作反映鲁班工匠精神的古代建筑构件（如梁、柱、枋、斗栱等），以及古代建筑模型（如故宫角楼、祈年殿等），帮助学生们更直观地理解和学习古代建筑知识❸，体验榫卯结构的细节，甚至用于验证古建筑设计及指导实际施工。

---

❶ 刘佳璇. 数字化助力"文博热"［EB/OL］.（2020-10-23）［2023-10-22］. https://baijiahao.baidu.com/s?id=1772269694593156121&wfr=spider&for=pc.

❷ 上海科普网. 3D 打印云上课堂——古代工艺篇，鲁班锁 & 窗花来啦［EB/OL］.（2022-08-02）［2023-10-22］. https://www.shkp.org.cn/articles/2022/08/wx391521.html.

❸ 夏泊洋，夏宁江. 3D 打印新技术推动传统古建文化传承［N］. 科技日报，2021-09-15（004）.

6.5　以 AI 技术提升传播效率

6.5.1　AI 技术文化领域应用

人工智能(AI)、基因工程、纳米科学被认为是 21 世纪三大尖端技术。近三十年来它获得了迅速的发展，在很多学科领域都获得了广泛应用，并取得了丰硕的成果。2017 年 7 月 20 日，国务院印发了《新一代人工智能发展规划》[1]，明确提出要推动人工智能与各行业的融合创新，并在制造、农业、物流、金融、商务、家居等重点行业和领域开展人工智能应用试点示范，推动人工智能规模化应用，全面提升产业发展智能化水平。2018 年 1 月，百度"AI 文化遗产复原计划"的启动[2]，标志着人工智能技术将深刻变革中华传统文化传承方式。人工智能技术与文化产业融合，将更好地创新发展传统文化。利用人工智能的计算机视觉、机器学习等技术，可有力助推传统文化传播向个性化、精准化方向发展。人工智能技术还能以符合公众习惯的传播方式让非遗保护传承"活"起来，实现政府、企业、个人的线上连接和数字资产的社会共享，提升了非遗资源保护、宣传推广的数字化水平。

2019 年，百度智能机器人小度还担当"故宫中国节 AI 大使"，以弘扬故宫节日文化。而麻省理工实验室研发了 AI 木匠，可以根据定制形状自动锯木头。

---

[1]　中国政府网. 国务院关于印发新一代人工智能发展规划的通知［EB/OL］.（2017-07-20）［2023-10-22］. https://www.gov.cn/zhengce/content/2017/07/20/content_5211996.htm.

[2]　北晚新视觉. AI 和故宫牵手"AI 文化遗产复原计划"启动［EB/OL］.（2018-01-26）［2023-10-22］. https://www.takefoto.cn/viewnews-1388386.html.

2022 年 12 月 17 日，在太极拳申遗成功两周年之际，河南省文化和旅游厅联合百度智能云打造的"太极拳一张图"正式上线。公众可以通过百度网页、百度 App、百度地图 App 搜索"太极拳一张图"或通过"河南非遗"微信公众号进入"太极拳"活动页面，查看太极拳历史、流派、传承人、分布等文化知识和视频图像资料，了解最新活动资讯；查询和上传太极拳场所、机构分布，实现"人人参与"太极拳知识共创，助力太极拳文化创新传承；还能在线体验 AI 绘图，一键生成太极拳 AI 形象。"太极拳一张图"以互联网为载体，通过引入百度智能云的人工智能、知识图谱、大数据等数字技术，对太极拳相关的海量公开数据和行业特色数据进行检索、抽取与处理，生成结构化的知识数据并进行融合关联分析，以"一张图"供给方式集中展示太极拳非遗项目资料、传承情况、文化场所、新闻资讯等信息，搭建起太极拳非遗资源的"数字资产库"和太极拳文化交流传承的集中展示空间。❶ 当传统的太极拳遇上创新的数字技术，让非遗项目的研习、传承、传播更加体系化，解决传统非遗保护传承工作中存在的数据量大、内部难以关联、数据资源难以复用等突出问题。在"太极拳一张图"上，用户还可体验来自大模型百度文心 ERNIE-ViLG 2.0 的作画能力。通过在后台预设简单的文字描述，用户点击"AI 绘图"模块，便可一键生成 AI 绘画的不同风格的太极拳图片海报，用于社交分享，让公众近距离体验太极拳的魅力，提升非遗文化传播的互动性和趣味性。

---

❶ 河南 100 度. 河南省联合百度发布"太极拳一张图"，科技赋能让非遗"活"起来［EB/OL］.（2022-12-17）［2023-10-22］. https://baijiahao.baidu.com/s?id=1752463228981198620&wfr=spider&for=pc.

6.5.2 AI 技术与鲁班文化传播

在鲁班文化场馆中，可以通过开发智能机器人，进行鲁班发明、鲁班技艺等讲解，或开展智能古建筑模型制造，以发掘鲁班工匠文化的精华。另外，也可以利用 AI 技术，合成"小小鲁班"、虚拟数字人鲁班等虚拟形象，在鲁班线上展馆、微信公众号、网络游戏等渠道，开展智能讲解、智能问答、角色扮演等，传播鲁班发明创造的故事，创新性地开展鲁班创新精神的网络传播。

另外，也可以将 AI 技术应用于鲁班冠名企业、软件或网站平台中，提升鲁班文化的传播范围和影响力。中铁建工集团已累计荣获鲁班奖 48 项，两次荣获"创鲁班奖工程突出贡献单位"及"创鲁班奖工程特别荣誉企业"。集团下设的中铁鲁班网络商务平台，是中国铁路指定招标网站，业务涵盖中国中铁的物资、机械设备集中采购、分包劳务、办公用品、商务差旅，以及本公司及企业集团的材料、机械的采购交易等。为提升客户访问体验、客服效率，降低客服人力成本、克服时滞问题，中铁鲁班引入了沃丰科技人工智能客服自动化技术，将智能客服系统融合了呼叫中心、在线聊天、工单系统、智能文本机器人、智能语音机器人、智能客服助手、智能质检七大产品模块，实现了客户服务流程全线上可追溯且闭环，不仅实现了各渠道的数据互通，也快速高效解决客服问题，提高了客户满意度和服务品质。

6.6　以元宇宙相关技术提升传播效果

6.6.1 元宇宙相关技术文化领域应用

近年来，元宇宙（Metaverse）在我国持续升温。元宇宙是整合扩展现实、人工智能、数字孪生、区块链、5G/6G、算力网络、高速光纤通信、物联网、电子游戏等多种新技术而产生的新型虚实相融的社会形态，是与现实世界映射并平行交互的虚拟世界，是通过科技手段进行创造与链接的具备新型社会体系的数字生活空间。❶元宇宙是利用科技手段进行链接与创造的、与现实世界映射与交互的虚拟世界，具备新型社会体系的数字生活空间。元宇宙为传统文化注入了新的生命力，不仅有利于提高传统文化的传播效率和质量，也有利于提高公众文化知识水平和精神文化修养。在传统文化传播领域，元宇宙的相关应用主要体现在以下几个方面。

（1）传统文化元宇宙空间。

作为一种新的数字化载体和新商业模式，元宇宙具有无边界、可交互、开放性等特性，可以通过数字内容与数字经济融合为我国文化与经济赋能。因此，用元宇宙为传统文化赋能，讲好中国故事，在元宇宙空间传播优秀传统文化已成为文旅行业发展的新趋势。2022年5月，三星堆博物馆推出了文博领域首部混合现实（MR）导览电影《古蜀地第一章——青铜神树》，成为文博圈第一个构建元宇宙的博物馆。在混合现实技术的加持下，三星堆的文物"活"出新形式。

2022年10月，由华扬联众联合凤凰数字科技倾力打造的、基于元宇宙的沉浸式虚拟现实世界"一方玉宇"开启内测，它基于《千里江山图》《清明上河图》以及多家博物馆文化资源，融合学习体验、展陈互动、知识分享、文化传播、开放探索等全新数字生态，传承中国传统文化之

---

❶ 中通服咨询设计研究院有限公司. 元宇宙技术全景白皮书（2022年）［EB/OL］.（2022-06-16）［2023-10-22］. https://www.digitalelite.cn/h-nd-4493.html.

美的元宇宙平台。一方玉宙以经典文物为载体，利用数字技术手段将文字、影像与建筑有机融合，是数字资源的有力补充。一方玉宙创造了可游、可戏、可养、可种、可住、可居的开放世界，给用户带来探索与发现的乐趣。在一方玉宙平台中，不仅会碰到古代英雄名人，还能感受到千里江山宇宙空间根据时间、节气运行的变化。❶ "一方玉宙"中的沉浸式交互体验，将带动更多用户对中国传统文化的关注、学习、探索及传播；实现"虚实融生"的文博元宇宙终极形态，让"数字宇宙"赋能未来文化体验。

（2）传统文化数字藏品。

随着元宇宙、NFT（Non fungible token，非同质化代币）等概念的广泛传播，"数字藏品"已经成为近几年来令人瞩目的潮流之一，也是非遗数字化领域的研究热点。数字藏品是指使用区块链技术对特定的声音、文字、图片、视频等作品生成的唯一数字凭证，在保护其数字版权的基础上，实现真实可信的数字化发行、购买、收藏、使用和转赠等。简单而言，数字藏品是指以数字化形式存在的珍贵、稀有或有历史价值的文物、艺术品、收藏品等，具有价格亲民、收藏便民等优点。数字藏品通常由专业机构或个人收集、整理、数字化，并通过互联网展示和交易。元宇宙时代，数字藏品是虚拟世界与现实相融合的基石。数字藏品的出现，拉近了艺术与普通人的距离，实现了科技对传统文化的高效赋能。数字藏品的品类极其丰富，图片、音乐、门票、视频、3D模型、电子票证、潮玩、卡牌、画作、表情包等，都可以形成数字藏品。

---

❶ 华扬联众. 当中国传统文化遇到元宇宙［EB/OL］.（2022-09-29）［2023-10-22］. https://new.qq.com/rain/a/20220929A03CT200.

据《2022 非物质文化遗产消费创新报告》显示，2021 年中国数字藏品发行平台多达 38 家，中国各个非遗产品发售数量约 456 万份，总发行价值超过 1.5 亿元。❶ 其中，"国潮""非遗"等类型的数字藏品在发售当中经常出现秒空的现象，足见年轻人对此类产品的喜爱。据艾瑞咨询2022 年发布的《中国数字藏品行业研究报告》显示❷，从 2021 年开始，国内各大平台开始布局数字藏品赛道，越来越多的用户开始关注数字藏品行业。用户对数字藏品的认知绝大部分是通过平台官方信息渠道，如官网、公众号、小程序等（占 77.6%）。2022 年用户最感兴趣的藏品展现形式主要包括: AR/VR 实景展示、游戏 / 虚拟道具、3D 模型的展现形式。市场热度最高的三类数字藏品类型为：潮玩 / 国潮类（占 58.6%）、艺术收藏品类（占 58.0%）、游戏动漫类。总体来看，国内数字藏品 2021 年年底形成集中式发布，交易平台数量激增，主要交易平台包括鲸探、百度超级链、元视觉、iBox、唯一艺术、NFT 中国等。

2021 年 6 月，支付宝联合敦煌美术研究所，在"蚂蚁链粉丝粒"的支付宝小程序上，全球限量发布了名为"敦煌飞天"和"九色鹿"的两款 NFT 藏品，每款限量 8000 份，单价仅需要 10 个支付宝积分和 9.9 元，购买后 NFT 皮肤会显示在付款码上方❸，发售后迅速被抢光，随后竟然在闲鱼上炒到了上万至几十万元，可见其火爆程度。2023 年 4 月，鲸探上新日历发布"寻梦敦煌"数字藏品，该款数字藏品利用数字技术以动

---

❶ 中国旅游报. 2022 非物质文化遗产消费创新报告［EB/OL］.（2022-10-28）［2023-10-23］. https://baijiahao.baidu.com/s?id=1747940483895342662&wfr=spider&for=pc.

❷ 艾瑞咨询. 中国数字藏品行业研究报告［EB/OL］.（2022-09-21）［2023-10-23］. https://pdf.dfcfw.com/pdf/H3_AP202209211578572606_1.pdf?1663793774000.pdf.

❸ 新浪财经. 支付宝 NFT 付款码皮肤被抢空［EB/OL］.（2021-06-23）［2023-10-23］. https://baijiahao.baidu.com/s?id=1703349173731109852&wfr=spider&for=pc.

态化数字洞窟的表现形式，跨越时间和空间，再现敦煌经典艺术作品中生动的角色和细节，给人以身临其境之感。同年 8 月 14 日，"敦煌数字空间"正式上线，并依次在空间内发售丝路主题系列的五款数字藏品，共 5.2 万份，所有藏品平均 5 秒内售罄。❶敦煌数字空间在保留厚重历史文化的基础上，首次通过系列卡牌盲盒玩法设定，以更年轻的方式从多角度展现敦煌艺术文化的魅力，让藏家获得传统文化之美，传播传统文化之声。敦煌美术研究所积极拥抱新技术，不断进行传播形式和载体创新，不仅提高了敦煌艺术地位，扩大了敦煌文化社会影响力，也完美地履行了传播中华优秀传统文化的使命，其经验值得其他优秀传统文化借鉴。

（3）传统文化虚拟数字人。

元宇宙的火爆，也让虚拟数字人逐渐走进了人们的视线。数字人是指通过计算机图形渲染、动作捕捉、深度学习、语音合成等技术打造的虚拟或仿真人物。2022 年被业界称为"数字人元年"，虚拟数字人在文化行业迎来快速增长，各大文化机构顺势而为，纷纷推出虚拟数字人。例如中国文物交流中心的"文夭夭"、新华网的"筱竹"、浙江卫视的"谷小雨"、敦煌研究院的"伽瑶"、国家博物馆的"艾雯雯"、中华书局的"苏东坡数字人"……他们或化身为文博场所的导游，或成为文化短剧的主角，或担任对外传播的文化大使，以又潮又酷的方式讲述着传统文化的故事❷，让中华优秀传统文化走向更多的年轻人。

---

❶　网易订阅. 鲸探数藏再掀火爆浪潮 敦煌 IP 热度不减［EB/OL］.（2023-08-21）［2023-10-22］. https://www.163.com/dy/article/ICLNQH3S0538MTD2.html.

❷　俞国林，王建. 数字人：用科技激活传统文化之美［EB/OL］.（2023-01-04）［2023-10-22］. https://m.gmw.cn/baijia/2023-01/04/36276450.html.

虚拟数字人作为传统文化的新载体，将传统之美与科技之美有机融合，以视觉化形式呈现中华优秀传统文化，取得了良好的传播效果。2022年4月，由天娱数科打造的中国首个出海的国风超写实虚拟数字人"天妤"首次上线，作为一个沉睡千年的"飞天"少女，天妤在神秘空间"元镜"中被唤醒后，回想起千年前之事。原来，她曾擅自介入人间纷争，致使洞窟受损、壁画脱落。如今苏醒，她决定重回人间，收集碎片、复原壁画，让人们的生活归于正途、重获幸福。在收集碎片的过程中，她经历了一段段故事，体会到沧海桑田间，文化延绵不绝，而人世间的美好情感也让她得到成长……天妤的世界观以中华传统文化为主要背景，其妆造设计以传统飞天和唐代女俑为灵感，其发型和头饰是在史料基础上参考唐代出土文物设计而成；其妆容还原了新疆吐鲁番阿斯塔那墓出土的唐代女俑。天妤的第一套服装，综合参考了敦煌莫高窟初唐第334窟天女、盛唐第172窟飞天、第194窟菩萨、第320窟飞天形象，以联珠纹、散花纹、团花纹、宝相花等纹样制造出华美之感。仅仅上线三个月，以天妤收集壁画碎片为故事线索的《千壁寻踪》系列短剧及番外，已累计更新内容30条，同时，天妤在全网已拥有500余万"粉丝"，视频播放量超过3亿人次。在海外，天妤在抖音等多个平台上线后，粉丝量已突破10万，播放量超过120万，开启了传统文化通向元宇宙、通联海外的大门❶，并成功入围了《2022虚拟人商业价值潜力TOP 50》，跻身虚拟数字人头部行列，在创新性、影响力、技术支持、文化输出、商业活跃度受到业界认可。❷

　❶ 环球网. 虚拟人载中华文化，在元宇宙出海［EB/OL］.（2022-11-28）［2023-10-23］. https://baijiahao.baidu.com/s?id=1750715116166224498&wfr=spider&for=pc.
　❷ Mia. 对话虚拟人"天妤"幕后：如何打造爆款IP［EB/OL］.（2022-07-28）［2023-10-23］. https://baijiahao.baidu.com/s?id=1739605873276982489&wfr=spider&for=pc.

　　传统文化类数字人的设计制作既需要技术支撑，又需要文化作为基础。数字人的核心技术主要包括计算机图形学、动作捕捉、语音合成、人工智能等技术手段。数字人设计制作的过程，本身就是对传统文化研究、整理、应用、传播的过程。例如 2022 年 9 月，基于古籍文献和数字技术的数字人"苏东坡"在中华书局 110 年之际首次亮相，它是由中华书局联合技术团队谛听视界推出的全国首位超写实数字历史人物。为了让"苏东坡数字人"贴近原貌，中华书局在容量超过 70 亿字的古籍大数据中心进行海量搜索，通过一系列精心设计的关键词精准抓取到一批涉及苏东坡容貌形象的古籍文本数据。同时，又通过图像搜索技术，抓取了由宋至清涉及苏东坡的 100 余幅画作，既包括苏东坡的单人画像，又包括"西园雅集""赤壁"等主题的群像及若干石刻画像拓片等，从而初步形成对于苏东坡容貌形象之"古籍真实"的把握，再由权威专家进行系统校验，确定超写实"苏东坡数字人"的每个细节。可见，"苏东坡数字人"的设计制作过程，也是一次对苏东坡主题古籍文献、艺术作品的整理和研究过程，有效推动了传统文化的创造性转化、创新性发展。

　　可见，虚拟数字人不但有着活灵活现的人物外观，同时还被赋予了真人的行为、丰富的思想、特定的社会角色，实现播报新闻、电商带货、唱歌跳舞、旅游接待、交谈等一项或多项功能。它们不仅提供了更多个性化的文化服务，也更新了文化艺术的呈现方式，拓展了文化数字体验。伴随着虚拟人技术日益成熟和产业链的不断完善，将会有越来越多的虚拟数字人化身传播传统文化的使者，承担创新性发展传统文化的时代任务。

6.6.2 元宇宙相关技术与鲁班文化传播

总体而言，随着元宇宙逐渐走入大众视野，有关元宇宙空间也呈现了与古代工匠鲁班相关的元素，具体体现在以下方面：

（1）鲁班文化元宇宙空间。

鲁班作为"百工圣祖"，是许多行业敬仰的行业神。因此，许多职业院校在学生培养过程中，十分注重鲁班文化传承。2023 年 7 月 15 日，在世界青年技能日当天，为做好技能人才队伍建设展示工作，山东省人社厅联合齐鲁晚报·齐鲁壹点推出国内首个山东省技工院校元宇宙展示岛屿—— 壹点天元鲁班座（https://ty.ql1m.com/LuBan/#/main），通过技术赋能开启互联网＋技工教育的"元上时代"。壹点天元鲁班座由齐鲁晚报·齐鲁壹点技术团队独立研发打造，以 3D 沉浸式平行数字空间，在"鲁班座"中搭建山东技师学院、山东工程技师学院、济南市技师学院、淄博市技师学院等 16 个院校的品牌馆。❶在每个品牌馆内，均进行了虚拟实景搭建，展示学校的发展历程、办学特色等。进入"鲁班座"，考生和家长可一键直达各个场馆，进入 3D 沉浸式平行数字空间，在院校虚拟实景中，实现在线互动、多人在线漫游等功能，了解院校王牌技能，近距离欣赏世界冠军技能成才的故事，还可以直接获取学校的联系方式及报考问题解答。山东技师学院等院校直接在其元宇宙空间中展示鲁班画像，强调传承鲁班工匠精神，充分体现了鲁班文化对技能人才培养的时代价值。

---

❶ 王小涵. 山东推出元宇宙"鲁班座"，开启技工院校"元上时代" ［EB/OL］.（2023-07-18）［2023-10-22］. https://baijiahao.baidu.com/s?id=1771753024261918707&wfr=spider&for=pc.

（2）元宇宙中的鲁班元素。

除壹点天元鲁班座元宇宙空间外，其他元宇宙空间也涉及了鲁班元素。如 2023 年 1 月 21 日，"央博"App 正式上线后，央博宇宙在浩瀚历史瑰宝中选取了两个极具代表性的、完美体现中华民族智慧传统的发明——浑天仪与鲁班锁❶，外部浑天仪的"圆"与核心鲁班锁的"方"，一动一静囊括万物，也传达出中华民族通过对文明不断探索钻研，创造出千变万化的央博宇宙的理念。它们既传达出了央博宇宙的宏大文明交互理念，也体现出对鲁班工匠精神及创造发明的尊崇。又如，2023 年两会期间，影谱科技以"元宇宙数字空间"的形式实现线上虚拟场景智能化搭建，打造"两会第二现场"，通过纯自研的"智影"终端，对非物质文化遗产"鲁班锁"进行三维影像提取和自动建模，生产出精准、高质量的多维、可视、可互动的"数字全真体"，加速了元宇宙应用落地，助力中国文化自信和千年流传的文化传承走向世界。❷另外，还有鲁班冠名企业或研究机构参与元宇宙研究或产品开发的，如鲁班 BIM 技术赋能中国元宇宙建设、华为云鲁班会开发者在北京召开以"迈向元宇宙的一小步"为主题的深度论坛等，也均体现出相关机构对鲁班工匠精神的敬仰。

（3）鲁班相关的数字藏品。

这类数字藏品主要与鲁班的发明和新鲁班的作品有关。2022 年 1 月，爱奇艺古装网络影视剧《风起洛阳》携手"薄盒 Mints"发行国内首个古装剧数字藏品，包括六件道具数字藏品和一个数字空间场景"不良

---

❶　七里河融媒.	"央博"元宇宙庙会，能满足你多少"过大年"的心愿？［EB/OL］.（2023-01-17）［2023-10-22］. https://baijiahao.baidu.com/s?id=1755222419149446746&wfr=spider&for=pc.

❷　影谱科技元宇宙应用加速落地［EB/OL］.（2023-03-07）［2023-10-22］. https://www.cet.com.cn/wzsy/cyzx/3335145.shtml.

井"。其中，六件道具每件发售 1000 枚，主要包含"百里弘毅—鲁班锁""高秉烛—酒壶"等。❶鲁班锁是剧中男主角百里弘毅的重要道具。作为工部尚书次子，百里弘毅酷爱钻研百工技艺，他天资聪颖，善于解开密巧机关，能"解扣机锁"，其饰演者王一博也多次在《风起洛阳》发布会现场拆装鲁班锁，为鲁班发明的巧妙榫卯结构做了广泛的宣传，受到很多剧迷的喜爱和追捧。❷此外，当代鲁班的作品也备受数字藏品市场的青睐。2022 年 2 月 21 日，支付宝"鲸探"小程序的"宝藏计划"非遗专题数字藏品，发布了当代鲁班榫卯匠人王震华的"3D 微缩榫卯模型赵州桥"数字藏品❸，体现了鲁班技艺的精妙，成为元宇宙时代鲁班文化宣传的重要载体。

另外，在鲁班文化全媒体传播中，还可以将自动识别技术应用在其纪念场馆中，推动人与景点或文物的网络连接。如在鲁班文化纪念馆中，使用人脸识别技术或 RFID 门禁装置，对鲁班纪念馆的人流量进行分析，对景仰鲁班文化的人群进行用户画像，了解鲁班文化传承的主要群体及特征，以提供更好的鲁班文化产品及传播载体。对纪念场馆中的某个鲁班发明，提供二维码，参观者扫描后可以即时收听鲁班发明该工具的历史典故、工具用途用法等，以加深用户对鲁班创新精神的体验和感悟。

❶ 爱奇艺.《风起洛阳》首发国风数字藏品［EB/OL］.（2022-01-21）［2023-10-22］. https://www.iqiyi.com/kszt/news20220121.html.

❷ 婚前先旅.《风起洛阳》播出之后，王一博手里的鲁班锁，搞不好是要火的啊［EB/OL］.（2022-11-16）［2023-10-22］. https://www.sohu.com/a/606515630_121113159.

❸ 茶靡花落知多少. 元宇宙，为了不起的传统文化插上腾飞的翅膀［EB/OL］.（2022-02-21）［2023-10-22］. https://www.sohu.com/a/524224052_121119389.

第 7 章

鲁班文化全媒体传播的渠道

全媒体时代，鲁班文化传播应坚持线上线下一体化发展方向，坚持移动优先策略，调动各方资源打造线上线下融合（O2O）的全媒体传播模式，建立立体化的鲁班文化传播渠道，将鲁班文化资源以人们喜闻乐见的方式进行传播，提高鲁班文化宣传的落地率、到达率、吸引力和感染力，进而推动鲁班文化的创造性转化和创新性发展。因此，本章在明确鲁班文化传播渠道构建原则的基础上，主要探讨了全媒体背景下鲁班文化传播的线上线下渠道。

7.1 鲁班文化传播渠道构建的原则

7.1.1 以多元技术驱动全息传播

全息传播强调的是充分利用信息技术，以多种形式尽可能多地反映实体信息。因此，需要借助 5G、人工智能、物联网、虚拟现实等多元数字化技术，提升媒体信息来源和信息呈现形态的多样化。全息传播不仅能够拓宽传统文化的表现形式，也可以通过渠道整合实现对不同类型受众的立体式全覆盖。在全媒体时代，对传统文化进行传播，要充分利用直播、短视频、VR、AR（增强现实）、AI、3D 全息投影等新技术创新艺术表现形式，也要利用微博、微信、B 站等不同平台实现全方位、立体式宣传。

具体而言，可以主办以发明创造或工匠精神为主题的大型综艺节目，邀请新时代手艺人或大国工匠参与节目录制，利用电视、短视频、图文等多种载体形式，依托电视台、网络视听平台、两微一端等多渠道进行鲁班文化传播。节目制作过程中，可以参考《上新了·故宫》和《中国诗词大会》等影视节目的成功经验。《上新了·故宫》是故宫博物院联合北京卫视推出的，以故宫故事和文创产品为主题的宣介故宫历史知识的综艺节目。在每期节目中，文创新品开发员和神秘嘉宾将跟随故宫专家进宫识宝，穿梭古今，探寻故宫深厚的历史文化，了解罕为人知的珍贵文物背后的故事，并与知名设计师和高校设计专业学生联手，每期开发出一个"颜值"与内涵并存的文化创意衍生品，打通受众与故宫文化双向互动的新连接，让故宫文化被更多年轻人"带回家"。❶这个节目除了带红了 11 件独具特色的文创产品以外，还有两大"萌物"阿尔法蛋和御猫鲁班。其中，人工智能机器人"阿尔法蛋"是由安徽淘云科技有限公司倾力打造的教育陪伴智能机器人，在节目中不仅能为嘉宾解答疑问、复述历史，还能与受众进行趣味互动，为节目增添了科技质感。2019 年，阿尔法蛋获得了故宫博物院宫标和故宫文创元素的联合授权，推出了《阿尔法蛋·故宫限量版》文创产品，在科大讯飞天猫、京东官方旗舰店限量发售。《阿尔法蛋·故宫限量版》不仅增加了阿尔法蛋限量版手札及贴纸套装，还甄选了深受孩子们喜欢的故宫文化知识。《阿尔法蛋·故宫限量版》不仅能讲解在《上新了·故宫》节目中出现的知识点，还能提供《故宫 100》、故宫百科问答等精选内容，让孩子们能够通过阿尔法蛋的人工智能大脑，看见不一样的紫禁城。而御猫鲁班是生活在故宫中的网红猫咪，是频频在《上新了·故宫》中亮相的拟人化"向导"，其配音由《王者荣耀》游戏角色鲁班的配音师配制完成，在节目中出现了不少御猫鲁班神游御花园的镜头，既宣介了故宫文化的知识点，也反映了明清皇族酷爱养猫的历史。由于御猫鲁班这一形象深受观众喜爱，《上新了·故宫》节目组还推出了与御猫相关的盲盒、御猫

---

❶　《上新了·故宫》发布邓伦 & 阿尔法蛋喊你进宫啦［EB/OL］.（2018-10-18）［2023-10-23］. http://www.yzmg.com/zixun/217528.html.

便签、御猫百宝箱、御猫戏鱼T恤等文创产品。2020年9月，哔哩哔哩网站还发布了喵博士故宫寻宝——鲁班的秘密档案全流程解析❶，并链接小程序，增强用户的参与感。

7.1.2 让受众加盟驱动全员传播

全员传播强调是各种社会主体（个人、各类机构等）均通过网络参与文化传播。在全媒体时代，受众不再是信息的被动接受者，而成为重要的"传播资源"，传统文化的传播者应当实施"互动战略"，充分调动受众的注意力、生产力、传播力，实现多维扩散、全员传播的效果。❷在全媒体时代，不仅要考虑到不同受众的媒介使用习惯的差异，还要积极开展受众偏好研究，运用不同的传播手法和工具，引导和控制传统文化传播内容，提高受众对信息的接纳度和参与度。在传统文化传播过程中，要建立互动模式，提高受众参与性。较为成熟的传统文化互动模式，如转发抽奖、创意征稿、投票评选、竞赛参与等，均可以调动受众的参与积极性。

随着5G商用场景落地，还将会有更多新颖的、虚实结合的传统文化受众互动形式。2020年4月15日，万众期待的"敦煌超感知影像"首秀，由敦煌研究院赵声良院长携主持人蔡紫共同开启，通过华为P40系列，为广大网友亲身示范体验虚实融合的莫高窟世界。其应用的核心技术是华为AR地图，它广泛采用了厘米级3D地图、高精度空间计算、

---

❶ 鲁班的秘密档案全流程解析［EB/OL］.（2020-09-01）［2023-10-22］. https://www.bilibili.com/read/cv7437641.

❷ 刘嘉. 全媒体时代传统文化的传播创新［J］. 传媒, 2019, 302（09）：77-79.

AI 3D 识别及与超逼真的虚实遮挡融合绘制等技术,以实现卓越的视觉与交互体验。❶借助华为河图,游客无须进到洞窟,在外面通过华为手机就能观看洞窟内精美绝伦的壁画,这不仅能大大减少人为因素对文物的伤害,提升游览体验,大大提高文化传播的效率,还能加强受众与传统文化的互动,提升受众对传统文化传播的参与度。

7.1.3 巧设议程开展全程传播

全程传播是指在事物发展全过程中加强传播。在全媒体语境下,传播者也并非传统文化的简单"传话筒",而要成为传统文化传播的设计者,要主动创造话题、设置议程,让文化传播从"知识点"或"新闻点"转化为"事件线"。

以《朗读者》为例,它是由中央电视台综合频道推出的文化情感类节目,由董卿担任主持人和制作人,以个人成长、情感体验、背景故事与传世佳作相结合的方式,选用精美的文字,用最平实的情感读出文字背后的价值,节目旨在实现文化感染人、鼓舞人、教育人的传导作用,展现有血有肉的真实人物情感。❷《朗读者》自 2017 年 2 月 18 日起播出,目前已经播出三季。以第三季为例,《朗读者》第三季借助新媒体升级、主题升级等,从"一个人,一段文"转换为"读天地人心",从单向传播转换为双向互动,让普通人的生活成为可供观照的读本,让人人皆可

---

❶　中关村在线.华为 AR 地图"敦煌"首秀开启全新时空之旅[EB/OL].(2020-04-17)[2023-10-22].https://baijiahao.baidu.com/s?id=1664168816912754637&wfr=spider&for=pc.

❷　百度百科.朗读者(中央广播电视总台央视综合频道文化情感节目)[EB/OL].(2020-12-25)[2023-10-22].https://baike.baidu.com/item/%E6%9C%97%E8%AF%BB%E8%80%85/19675170?fr=aladdin.

成为朗读者。节目将话语权分发给每一位普通观众，让小小的一平方米朗读亭成为交流经验的场所，让人畅所欲言地表达自己，发出独一无二的声音。其议程设置如下：2020年9月，《朗读者》第三季首次公布先导短片。2020年10月16—18日，北京、武汉、厦门三地的朗读亭联动完成了一场72小时不间断的慢直播。2020年12月，《朗读者》第三季先导节目《一平方米》播出，打造了"一平方米"和"一万公里"两个新的节目样态，即"一平方米"朗读亭直播活动和"一万公里"演播室外聆听远方的朗读者。2021年1月，《朗读者》第三季开始录制。2021年4月，董卿携《朗读者》第三季在腾讯新闻开启了"423朗读接力"直播活动。自2021年9月18日，《朗读者》第三季每周六晚在中央广播电视总台央视综合频道播放，于2022年1月23日完结。《朗读者》第三季节目借助新媒体升级、主题升级等，从单向传播转换为双向互动，邀请了北斗卫星导航系统副总设计师杨元喜、全国脱贫攻坚楷模丽江华坪女子高中校长张桂梅、中国当代作家诺贝尔文学奖获得者莫言、中国科学院院士密码学家王小云、古代壁画与彩塑保护修复专家等48位嘉宾朗读者分享人生故事并演绎美文，阐释了中国当代的精神旋律。节目通过巧妙的议程和话题设置，利用"新闻人物＋文学著作"的话题形式，赚足了观众的注意力，从开播前的"满屏"期待，到开播后大众围绕节目议题、时代价值、嘉宾故事、人物金句、文学书籍等各个侧面进行热烈的讨论。关于《朗读者》第三季的各类话题全面占据了网络舆论空间，引发了主流媒体、政务媒体等全域传播主体的多渠道广覆盖式报道❶，

---

❶ 网易订阅. 从别后忆相逢，《朗读者》第三季用最长情的回归丈量时代高度［EB/OL］.（2021-12-09）［2023-10-22］. https://www.163.com/dy/article/GQOE2OHG0518C97I.html.

形成广泛的传播影响力，达到了良好的传播效果。在电视端，《朗读者》第三季收视率最高达 4%，网络平台反响也十分热烈。截至 2021 年 11 月 21 日，《朗读者》第三季在央视频 App 端播放量近 100 万次，相关短视频播放量达 5000 万次。其中，王凯、杨元喜等嘉宾的故事备受关注与喜爱，单条视频播放量均突破 600 万次。在微博平台上，《朗读者》第三季相关内容贡献了热搜榜 15 个话题（表 7.1），整体热搜话题总阅读量达 22.6 亿人次，在榜时长达 50 小时，引发了全网关注和讨论。❶

表 7.1 《朗读者》第三季相关热搜话题

热搜话题	在榜时长/分钟	阅读量/亿人次	讨论量
朗读者第三季	227	12.0	132000
7 个兄弟姐妹成全一个北斗副总设计师	652	2.0	8250
王凯用 15 年交给父亲的答卷	550	1.6	41000
婚姻里女性必须要承担家务吗	227	1.4	25000
朗读者第 3 季首期太好哭了	404	1.3	23000
朗读者第三季阵容官宣	229	1.2	23000
被翟志刚的太空后空翻帅到了	144	0.5	7312
董卿送王亚平 183 段朗读录音带上太空	163	0.5	3832
被朗读者第三季札记美到了	120	0.5	15000
杨元喜院士的神仙爱情	110	0.4	4268
神十三乘组太空朗读	20	0.4	8231

❶　营销战略家. 再破文化节目天花板，青花郎冠名《朗读者》第三季反响热烈［EB/OL］.（2021-11-28）［2023-10-22］. https://baijiahao.baidu.com/s?id=1717584834305956807&wfr=spider&for=pc.

（续表）

热搜话题	在榜时长（分钟）	阅读量（亿人次）	讨论量
朗读者第三季首期观后感	33	0.3	11000
87 岁崔道植的状态不输年轻人	35	0.2	3608
如何评价朗读者 3 第三期	55	0.2	1808
朗读者第三季嘉宾 yyds	22	0.1	5868

资料来源：广视索福瑞收视率调查公司

7.1.4 责利兼顾开展全效传播

全效传播强调传统文化传播体系效能的全面化。全媒体的到来，为传统文化的商业模式创新提供了更丰沃的媒介土壤，因为传统文化应树立"跨界合作"思维，提炼和发掘有价值、有内涵的文化元素，拓展其商业空间，实现社会效益与经济效益的双丰收。

在鲁班文化全媒体传播过程中，可以借鉴故宫文创的经营理念，组织专门的团队开展鲁班文创产品的设计、销售、宣传推广等工作。故宫文创产品的成功，主要得益于 2016 年组建的文创研发团队。团队扎根于中华五千年历史的脉络，以故宫现有文物为灵感依托，以日常生活物品为设计对象，挖掘文物更深层次的文化元素，设计推出了多种多样的文创产品，并依托互联网及馆内的文创商店进行销售，不仅打造了故宫文创 IP，实现了增收，更通过一件件鲜活立体的物品展现了故宫藏品特有的文化内涵，深受包括"90 后""00 后"在内的多个年龄群体消费者的青睐。❶在经营上，故宫博物院积极与时尚芭莎、农夫山泉、阿里

---

❶ 姜艺萌. 故宫博物院文创产品开发现状研究［J］. 赤峰学院学报（汉文哲学社会科学版），2023，44（04）：60-62.

巴巴、腾讯等知名品牌合作，布局多块商业领域。2008 年，最早的故宫淘宝店诞生，至今在淘宝天猫入驻的博物馆店铺共 20 余家，其中故宫独占了 6 家，仅故宫淘宝旗舰店一家便拥有粉丝 900 余万人。故宫淘宝以颠覆性的"卖萌"姿态出现在大众面前，公众号上发布一篇名为《雍正：感觉自己萌萌哒》的文章后迅速走红，昔日的帝王以"萌系"动态图重新出场，讲述故宫"斗剧"，该文一周内就有了超过 80 万人次的阅读量，也推动了相关文创产品的销售。在餐饮上，故宫在端午节与北京本土糕点品牌稻香村合作推出"五毒小饼"，还开设了故宫角楼餐厅，推出火锅菜品，并在设计上复原了慈禧的"万寿菊花锅"。在美妆上，故宫口红备受欢迎，供不应求，连连断销。此外，还有故宫国风胶带、千里江山图、紫禁太平有像书签、脊兽钥匙扣等备受欢迎的故宫特色文创产品，渗透人们生活场景的方方面面。因此，鲁班纪念馆等机构可以借鉴故宫文创产品研发的成功经验，深入挖掘富含工匠精神元素的鲁班文化资源，打造包括鲁班锁在内的鲁班文创产品，并以文创产品为依托，进一步扩大鲁班文化的传播范围。

考虑到鲁班文化资源状况，主要可以从线下智慧景区建设和线上网络新媒体建设入手，来构建鲁班文化全媒体传播渠道。

7.2　鲁班文化线下传播渠道构建

2020 年 11 月，文化和旅游部联合多个部门发布了《关于深化"互联网＋旅游"推动旅游业高质量发展的意见》❶，提出"到 2022 年，'互

---

❶　文化和旅游部等. 关于深化"互联网＋旅游"推动旅游业高质量发展的意见［EB/OL］.（2020-12-25）［2023-10-22］. http://zwgk.mct.gov.cn/zfxxgkml/zykf/202012/t20201225_920085.html.

联网＋旅游'发展机制更加健全，旅游景区互联网应用水平大幅提高。建成一批智慧旅游景区、度假区、村镇和城市……到2025年，'互联网＋旅游'融合更加深化，以互联网为代表的信息技术成为旅游业发展的重要动力。国家4A级及以上旅游景区、省级及以上旅游度假区基本实现智慧化转型升级。"因此，智慧景区建设成为线下景区建设的重点任务和发展方向。智慧景区是指通过智能网络，对景区地理事物、自然资源、旅游者行为、景区工作人员行迹、景区基础设施和服务设施进行全面、透彻、及时的感知；对游客、景区工作人员实现可视化管理；同旅游产业上下游企业形成战略联盟；实现景区环境、社会和经济的全面、协调和可持续发展。❶智慧景区应能实现在线预约预订、分时段预约游览、流量监测监控、科学引导分流、非接触式服务、智能导游导览等功能，应提供数字化体验产品、景区电子地图、线路推荐、语音导览等智慧化服务。❷

考虑到鲁班文化资源涉及鲁班纪念馆、鲁班庙、鲁班文化公园、鲁班祠等多种旅游景点，因此，建议依托这些文化场馆进行智慧景区建设，实现基于手机的智慧景区游览，覆盖游前、游中、游后全链路，构建鲁班文化全媒体传播渠道，最终争取实现一部手机游鲁班文化景区的目标。

具体而言，可以通过以下途径拓宽传播渠道。

7.2.1 触摸查询一体机

触摸查询一体机（Touch query one machine）是一种方便、简单、

---

❶ 百度百科. 智慧景区［EB/OL］.（2020-10-02）［2023-10-22］. https://baike. baidu.com/item/%E6%99%BA%E6%85%A7%E6%99%AF%E5%8C%BA/10147722?fr=aladdi.

❷ 庐山管理局信息化工作办公室. "一云多端"游庐山，数字化转型为人文圣山注入新活力_游客［EB/OL］.（2020-09-17）［2023-10-22］. https://www.sohu.com/a/419126218_120055772.

自然、实用的人机交互设备，它集合了多媒体技术、音响技术、网络技术、工业造型等多种技术，可以提供快捷的信息查询、地图指引、现场导览、信息传播等功能，造型优美，方便使用。常用于博物馆、图书馆、展览会、医院、宾馆酒店等多种场合，方便使用者通过点击触摸，查询获取自己关注的信息。

利用触摸查询一体机，文化场馆或景区可以将图片、视频、音频等多媒体信息进行完美地展示，参观者可以根据自己的需要或个人偏好，通过直观便捷的手指触屏操作，获取不同内容的信息，如欣赏与文物相关的视频动画、历史典故，了解历史名人的生平典故、历史贡献、艺术作品等，查询景点介绍、全景地图甚至购买景点门票等。如今，触摸查询一体机几乎已经成为文化馆、博物馆、图书馆等场馆的标配，在大大小小的场馆里常可以看到它的身影。例如江苏扬州诗渡瓜洲文化展示馆采用触摸屏、滑轨屏、半景画、弧幕投影等高科技方式，展现瓜洲古渡的美妙场景，宣传瓜州诗词文化，提升用户的参与感与体验感。

因此，鲁班文化场馆也可以使用触摸查询一体机，辅助展示鲁班生平、鲁班发明器具、鲁班传说等信息，以新颖、多样的形式诠释表现鲁班文化资源蕴涵的知识，改变现有鲁班文化遗产单调静态的传统展示方式，提高用户参与度和兴趣度。

7.2.2 实景智能导览

智能导览系统利用电子讲解设备，可以将陈展物品相关信息声情并茂地表现出来，使展品更加生动，观众在边看边听、不知不觉中汲取知识、了解内涵、享受文化。通常，可以基于手机查看 2D/3D 地图，通过点击或输入目的地，实现全程语音导航；当接近展品时，还会有详细的语音文字介绍推送到手机上，游客可通过文字、语音及视频信息对展品进行了解，即使没有导游也能把展品的所有信息了如指掌。智能导览系统摆脱了传统人员讲解或文字介绍的模式，让参观者有更多的选择空间，提升观览体验。2018年7月，江苏徐州汉文化景区推出智能语音讲解服务，来到汉文化景区的游客，只要扫一扫微信景区公众号二维码，便能找景区线路、听语音讲解、游景点导航，在参观的过程中，自助汲取知识，了解内涵，享受文化，从中获得丰富的人文历史知识，更加深刻地了解徐州博大精深的两汉文化。❶游客通过扫码进入景区公众号，点击"景区导览"，确定地理位置授权，便可进入景区全域手绘图页面，电子导览下方立刻呈现出三个服务选项——发现、景点、游玩线路。利用电子导览，游客可以便捷地实现园内导航，轻松游玩。

因此，对鲁班纪念馆、鲁班庙、鲁班堤等多种鲁班文化遗产，可以借鉴汉文化智能语音服务建设模式，通过开发景区智能语音讲解服务系统，加强鲁班文化知识讲解，传播鲁班的神思巧工及工匠精神。

7.2.3 展馆智能机器人服务

展馆智能机器人是人工智能技术落地博物馆、文化馆等场景的产物，它集引导、讲解、自主语音、人机交互等功能于一体，可自由行进，非常方便、实用。❷通常能够完成智能迎宾、秩序维护、引导带路、导览

❶ 中国网. 江苏徐州汉文化景区推出智能语音讲解服务［EB/OL］.（2018-07-31）［2023-10-22］. https://www.sohu.com/a/244368816_116897.

❷ 兰州百福文化发展有限公司. 博物馆讲解机器人［EB/OL］.（2020-09-06）［2023-10-22］. http://www.lzbaifuwenhua.com/portal/article/index/id/58.html.

讲解、区域讲解、问题解答、人机交互、专业知识讲解等功能，可以解决讲解工作人员配给不足、博物馆工作人员知识和素质参差不齐、现有蓝牙讲解模式过于死板、信号干扰、续航时间短及与参观群众互动性差等问题❶，为参观游客提供更全面、多方位、多层次、多样化、高智能、高服务的智能服务。

由于技术先进，研发成本较高，当前在文化场馆中使用智能机器人服务的案例还较少，因此，一旦有相关场馆推出智能机器人服务，便会引起媒体关注，带来良好的宣传效果。例如 2021 年新年伊始，浙江省瑞安市博物馆推出了智能机器人"小瑞"，以人工智能为内核，实现智慧导览、智能交互、信息反馈三大功能，为广大观众带来全新互动体验。❷其中，智慧导览是小瑞的核心功能，目前提供了馆藏书画展、民间捐赠与收藏精品展、历史文化陈列、二楼大厅、青少年版、儿童版等六条参观导览路线，基本满足各个年龄层观众需求，提供个性化导览服务。除智慧导览之外，小瑞还提供路线指引服务，包括服务台、接待点、出口、序厅、历史文化陈列、专题陈列展厅、临时展厅、洗手间、母婴室、消防通道、休息区、电梯等，实现精准定位引导。"小瑞"具有人脸识别功能，可以记住观众信息，实现人机精准互动交流，包括问候对答、播报日期和天气情况、AR 合影及唱歌跳舞等娱乐功能。❸此外，瑞安市博物馆还打造了"书画临摹互动区""考古发掘区""非遗文物体验区""我

---

❶　彪春静，张帅，陶庆华."互联网＋"时代智能机器人在博物馆旅游中的应用研究［J］. 旅游纵览（下半月），2019（12）：26-27，29.

❷　吴晓媚.瑞安市博物馆推出智能导览机器人"小瑞"［EB/OL］.（2021-02-22）［2023-10-22］.http://wl.wenzhou.gov.cn/art/2021/2/22/art_1642047_58885888.html.

❸　吴晓媚.瑞博推出智能导览机器人［EB/OL］.（2021-02-09）［2023-10-22］.http://www.ruianmuseum.com/news_disp.php?itemid=251.

在瑞博修文物区"等儿童友好互动体验区，推出"博物馆智慧课堂"，出版大型全景 AR 立体书和青少年 AR 绘本，为全市儿童打造了可学可感可知可玩的考古乐园。2022 年 6 月，宁波"文旅机器人小 i"发布，标志着宁波文旅咨询服务进入智能时代。"文旅机器人小 i"是市文化广电旅游局推出的智能服务终端，其依托的是涵盖了千万级数据的文化、旅游数据大脑，再通过人工智能技术进行解读，从而生成最优答案，解答游客疑问。因此，"文旅机器人小 i"既可以充当"文旅达人"，为游客提供文旅相关信息，又可以充当"百科全书"，为游客解锁各种知识难题，还可以充当"说唱达人"，随着音乐动感起舞。首批上岗的两个"文旅机器人小 i"分别在宁波机场文旅咨询服务点和高鑫广场文旅咨询服务点为市民、游客提供服务。截至 2022 年 8 月，连接了市文化广电旅游局搭建的数据库的"小 i"，能够解答 9000 多个常规问题，累计解答问题百万个，已成为该服务中心最受欢迎的咨询员之一，迅速提升了文旅咨询服务的满意度和科技体验感。

因此，在鲁班文化全媒体传播中，鲁班纪念馆等机构可以借鉴其他场馆引进机器人服务的成功经验，联合滕州市文旅服务管理机构，推出具有鲁班特色的智能服务机器人，以更加新潮的方式提供智能化的场馆导览和咨询服务，吸引更多青少年体验感受鲁班文化的创新及工匠精神。

7.3 鲁班文化网络传播渠道优化

7.3.1 门户网站

门户网站是通向某类综合性互联网信息资源并提供有关信息服务的应用系统。国内著名的门户网站有新浪、网易、搜狐、腾讯、百度、新华网、人民网、凤凰网等。

目前，有关鲁班文化的门户网站主要由各地政府部门或相关研究会或协会建立。相比其他文化传承媒介而言，鲁班相关网站的资源较为丰富，如由滕州市鲁班研究会主办的中国鲁班网（http://www.lubanyj.com/），由曲阜市鲁班文化研究促进会创办的鲁班故里曲阜网站（http://www.lubanguliqufu.com/），济宁职业学院打造的数字鲁班文化馆（https://lb.izsw.net/）等。相关资源以文字、图片为主，也有视频、网上展馆等其他形式的数字资源，但访问量一般，应进一步加大宣传力度，让更多人通过网络媒体了解鲁班及鲁班文化。

因此，完善鲁班文化门户网站建设，实现鲁班相关门户网站的错位、特色发展十分重要。但无论哪个机构创办的鲁班文化相关网站，均应宣传鲁班本人发明创造史话，传播鲁班的工匠精神，传播当代"鲁班"发明先进事迹，满足社会对创新文化建设的需求。对于部分政府部门创建的鲁班文化官方网络平台，应协调鲁班文化网站间的分工与联合建设，进一步加强常识性、故事性、趣味性、生活化的鲁班文化传播内容，以提升网民的关注度。以山东省委宣传部为主管部门，将中国鲁班网、鲁班故里网、数字鲁班文化网等有关鲁班的网站进行资源整合，构建包含鲁班生平、鲁班发明、鲁班遗迹、鲁班研究、鲁班奖评选、鲁班故事、鲁班视频、鲁班论坛等在内的一站式网站平台。在该平台上，不仅宣传鲁班本人的传说故事，还应传播现代鲁班精神和其人其事。网络平台的建设可以引入竞争机制，加强网站与搜索引擎、视频门户网站、游戏门户网站的合作，增加其商业价值，实现鲁班文化资源共享，利益均沾，最终促进鲁班文化的发扬光大。鲁班文化网络平台技术实现后，要安排专人持续丰富鲁班文化的网络内容，加快鲁班文化网络信息的更新频率，增强鲁班文化网络平台的可视化，增强鲁班文化网络平台的关注度，提高鲁班文化平台的交互性。另外，为扩大鲁班文化的传播范围，还应加强对 VR 展馆的宣传，增加鲁班网站的英文版本，提高网络平台的访问量。为提高鲁班文化官方网络平台的点击率，可以与搜索引擎服务商合作，增大网站的网页收录比率和访问量。为提高鲁班文化官方网站的关注度，可以与鲁班软件、红星美凯龙、广联达、展视网等公司合作，交换链接，取长补短，推动鲁班文化资源的广泛传播与共享。

7.3.2 网络社区

网络社区是具有共同兴趣和需要的个体，利用网络传播的手段和平台，通过网上社会互动满足自身需要而构筑的新型生活空间，也称虚拟社区。从形式上，主要包括 BBS/ 论坛、贴吧、网络群组等。例如广西新闻网旗下红豆社区的"三姐歌圩"、河池日报社旗下河池论坛的"三姐歌圩"等均属于传播山歌文化的网络论坛。其中，河池论坛的"三姐歌圩"分为山歌文化、对歌台、活动播报和"其他讨论"4 个板块。其中"山歌文化"板块主要发布一些跟山歌文化及山歌创作方法等相关内容，对于山歌文化的推介与传承都具有相当重要的价值。"对歌台"则主要是一些山歌的自由创作，既可以有一定的主题，也可以没有主题限制，其目的在于为歌友的个性化交流提供平台与空间。"活动播报"板块通常发布一些官方的或者民间的歌会、歌赛等活动信息，同时在"三姐歌圩"不定期举行的网络山歌赛的实时动态也会在这里发布。❶

---

❶ 何蕾，何剑．媒介里的"歌师傅"——桂柳山歌传承方式变迁的人类学考察［J］．文教资料，2021（17）：32–36.

目前，与鲁班文化相关的论坛大部分由企业、学校等机构建立，用于宣传自己的产品或提供相应的咨询服务。电子鲁班论坛（http://bbs.lubanu.com/）是鲁班软件服务平台，用于建筑和造价行业人士、算量软件用户的学习、分享、交流平台。也有公益性质的论坛，如百度贴吧（tieba.baidu.com）中有鲁班吧、鲁班书吧、创新鲁班锁贴吧，用于鲁班传说、鲁班发明、鲁班相关书籍等信息的交流。因此，鲁班文化的相关社区资源较为庞杂，资源重复率高，可用性较差。有关鲁班文化的 QQ 群主要由鲁班文化表演艺术团、鲁班文化学生社团、鲁班建筑文化协会等团体创建，其中学生社团群、鲁班软件推广较多，鲁班锁交流群影响较大，群内汇集了 200 多名鲁班锁爱好者交流心得，但鲁班建筑文化协会、鲁班文化河北分会、鲁班发明等群人数较少，影响力一般。

因此，建议在中国鲁班网中设立网络论坛，设立以倡导鼓励发明创造为核心的发明交流讨论社区，增加有关鲁班文化的互动讨论，传播正面的、和谐的鲁班文化。在网络群组建设方面，建议依托建筑类院校、建筑协会或倡导鲁班文化的建筑类企业，扩大鲁班文化社群的影响力，传承鲁班工匠精神，增加社群活跃度。

7.3.3 视频平台

网络视频是指在线视频播放服务网站提供的、以流媒体格式呈现的视频文件，包括视频新闻、网络电影、电视剧、综艺节目、产品演示短片、品牌专题片、纪录片、广告等多种类型。网络视频的格式众多，包含 WMV、RM、RMVB、FLV 及 MOV 等类型。在众多的流媒体格式中，FLV 格式的文件占用的客户端资源较少，是网络视频所依靠的主要文件格式。❶近年来，随着网络资费的持续下滑和互联网应用体验的不断改善，互联网用户对网络视频的依赖程度进一步加深。截至2022年12月，中国网络视听用户规模达10.4亿人，是第一大互联网应用类别，尤其是短视频用户规模增长至10.12亿人，占整体网民的94.8%，人均单日使用时长为168分钟，超过2.5小时。❷而在工匠精神传播过程中，纪实视频不仅客观记录和展示传统手工技艺的创作过程与发展现状，而且会启发观众形成思考，共同探讨当前社会环境中传统手工技艺所面临问题的解决策略，并由此实现工匠群体之间及社会大众和工匠群体间的认同与自省，从而将工匠群体的"行业技艺"真正升华❸，比较适合鲁班工匠精神传播。

在网络视频方面，优酷、土豆、爱奇艺、腾讯等视频网站上有大量的鲁班传说、故事、成语、文化遗迹、研讨会、鲁班软件教程等视频资源，其中，以鲁班的传说和鲁班算量软件教程为主。在鲁班文化馆网站中有盖屋上梁、鲁班学艺、班妻班母、班门弄斧等70余个与鲁班文化相关的网络视频❹，视频内容较为专深，但是用户数量一般，还有待于进一步加强宣传和网络推广。另外，考虑到用户对综合性短视频平台的偏爱，建议鲁班文化主管部门或研究机构进一步加强短视频的制作和传播，生产富有创意的融媒体精品，传播鲁班文化精髓，适应移动化、可视化、

❶ 周易军. WEB3.0时代的服装网络营销理论与实务[M]. 北京：经济日报出版社，2016：66.

❷ 财经头条. 中国短视频用户规模超10亿 人均单日使用时长超2.5个小时[EB/OL].（2023-03-30）[2023-10-22]. https://cj.sina.com.cn/articles/view/1076684233/402ce5c9020026vof?autocallup=no&isfromsina=no.

❸ 张龙，张澜. 从"行业技艺"到"群体记忆"——论纪实影像对工匠精神的传播与认同建构[J]. 中国电视，2017（10）：17-22.

❹ 展视网. 鲁班文化馆[EB/OL].（2022-10-19）[2023-10-22]. http://lb.izsw.net/. moudle/moudle10.

社交化、定制化的发展趋势，尤其要在抖音、快手、B 站、好看等主流短视频平台上提高鲁班文化短视频的数量和质量，争取让鲁班文化的传播更加广泛深入。例如专门邀请知名艺术家表演对唱段《鲁班造寺》、山东快书《鲁班造磨》、拉魂腔《班门教子》、鲁促会会歌《鲁班颂》等赞扬鲁班的民间曲艺，并以高清视频的形式保存发布，使人们真切感受对鲁班的敬仰之情和鲁班文化的独特魅力。

7.3.4 两微一端

两微一端是指微博、微信及新闻客户端。微博、微信是目前应用最为广泛的两大新媒介形态。微博平台具有信息发布便利、传播快速等特点，在信息传播及媒体融合过程中发挥着重要作用。微信是腾讯公司于 2011 年 1 月 21 日推出的一个为智能终端提供即时通信服务的免费应用程序，支持通过网络快速免费发送语音短信、视频、图片和文字，提供公众平台、朋友圈、消息推送等功能。而新闻客户端，一般是指浏览器、智能手机、平板电脑、穿戴设备等移动终端的应用程序。❶

2015 年 9 月 15 日，人民网舆情监测室首次发布"两微一端"融合传播排行榜。《人民日报》、头条新闻、新浪娱乐、人民网、《环球时报》等位居媒体融合传播排行榜总榜的前五位，引领国内媒体融合发展大潮。在淄博周村，一个由官方手机客户端"中国周村"、政务微博"周村发布"、微信公众号"掌上周村"组成的政务新媒体矩阵颇负盛名。它们第一时间发布权威消息、解读时事政策，关注普通百姓的吃住行，散发着浓浓的

---

❶ 蒲红果，等. 如何应对舆情危机？新媒体时代的企业生存之道［M］. 北京：新华出版社，2015：10.

生活气息，赢得了千万"粉丝"。自创建以来，"掌上周村"微信公众号在淄博市政务类微信公众号排行榜中稳居前5名，与"淄博交警""淄博卫生""青春淄博"等公众号同列淄博政务微信公众号第一方阵；"周村发布"政务微博粉丝数达到5.8万人，获"2014年度淄博市优秀政务微博"称号，弘扬了社会正能量。❶可见，"两微一端"构建了全新的社会传播格局。❷

目前，也有一些有价值的鲁班文化博客，主要是一些以鲁班冠名的企业官方博客，如鲁班软件新浪微博、鲁班木艺红木家具新浪博客等。另外，也有一些个人博客中记录了鲁班的传说、鲁班的发明、鲁班文化等，但也有小部分人借鲁班传人之名，在网络上宣传"鲁班术"，但较少见到鲁班文化方面的专题博客或微博。在微信方面，涉及鲁班的微信公众号有近200个，以鲁班命名的相关企业微信为主，大部分企业微信内容以企业新闻、产品或服务信息推送为主，以鲁班文化宣传为主的公众号不多，主要包括曲阜鲁班研究会创建的"曲阜鲁班文化"、山东鲁班文化发展有限公司创建的"鲁班文化"、滕州鲁班工坊文化传播有限公司创建的"滕州鲁班工坊"等。曾经做得较好的是红星美凯龙公司的微信公众号"我爱鲁班"，主要介绍红星美凯龙公司鲁班文化节相关活动，有"文画鲁班"、鲁班微传记动画、歌唱鲁班等较为丰富的鲁班文化资源，但运营时间不长就停了。

因此，在鲁班全媒体传播中，可以以鲁班文化官方管理机构、鲁班文化纪念场馆、新时代鲁班、鲁班文化研究等主题内容，建立多个鲁班文化传播的官方微信公众平台，提供鲁班发明、鲁班文化节等最新信息，宣传

---

❶ 中共山东省委宣传部．山东宣传思想文化工作案例选编2015［M］．济南：山东人民出版社，2016：25．

❷ 李丹丹．互联网＋时代齐鲁文化的客户端传播［J］．青年记者，2017（05）：62-63．

当代鲁班文化传承活动。还可以结合鲁班锁等传统玩具，以及鲁班、墨子"九攻九拒"等故事情节，开发鲁班 App 应用软件或小程序，促进鲁班文化在年轻网民中的传播。针对文献类、民间文学类鲁班文化资源，可以将相关经典书籍制作为集图片、文字、音频、视频等多种媒体于一体化的电子图书、动画或视频，方便在移动终端应用。例如将《鲁班经》进行数字化编辑，制作成图文并茂，能够进行章节查询的电子书，并与知识付费等平台合作，由专家释疑讲解解读的音频作品，并提供文稿方便用户学习查阅。

7.3.5 智慧旅游小程序

智慧旅游小程序是实现"一部手机游天下"的重要载体，是基于微信与支付宝等平台的小程序开发，整合"吃、住、行、游、购、娱"等各项旅游服务，让游客无须下载 App，实现"随用随走"，可以帮助景区与涉旅企业抢占新一轮移动互联网流量红利，树立目的地智慧旅游品牌形象。例如庐山风景名胜区管理局依托新兴的信息技术，进行了数字化转型。如今，只需要一部手机、一个小程序，便可以实现"云游庐山"服务。进入庐山之前，游客可以通过"庐山一机游"小程序，进行包车预约、门票和讲解员服务的预订。同时还可以提前查询各个景点的信息，然后规划专属于自己的游览路线。在游玩过程中，游客还可以通过小程序的智能提醒，实时避开人流拥堵的景点。

因此，对于鲁班纪念馆等文化场馆，可以借鉴"庐山一机游""畅游庐山"等小程序的开发经验，考虑开发手机智慧游小程序，使游客可以方便地通过小程序进行鲁班文化场馆参观预约，获得鲁班发明、鲁班传说等智能讲解服务，提升文化景区的科技感和现代感，拓展鲁班工匠精神的传播渠道。

以鲁班文创产品开发为例，可以以鲁班发明器具或鲁班奖获奖工程为依据，设计出具有鲁班文化特色的文化创意产品。

第 8 章

鲁班文化全媒体传播的保障机制

鲁班文化全媒体传播不是一蹴而就的，需要有科学规划、技术创新、经费支持和人才保障等，才可以顺利实施。当前环境下，鲁班文化全媒体传播主要应采取以下保障措施。

8.1 树立全媒体意识

全媒体意识是对建立全媒体传播体系的系统性认知，是对全媒体传播的敏感力、观察力、判断力及创新力的综合性呈现。具体而言，应做出以下调整。

8.1.1 强化互联网思维

随着技术的发展，媒体格局、舆论生态、受众对象、传播技术都在发生深刻变化，特别是互联网正在媒体领域催发一场前所未有的变革。互联网思维要求强化全媒体意识的切入点。在传统文化全媒体传播过程中，"互联网+"仰赖的新基础设施发挥着拓宽信息采集渠道、创新传统文化数字化文化产品及文化数字资源存储的作用。在2013年8月19日召开的全国宣传思想工作会议上，习近平总书记敏锐地指出，很多人特别是年轻人基本不看主流媒体，大部分信息都从网上获取。❶因此，在鲁班文化等中华优秀传统文化传播过程中，要研究把握现代信息传播规律和新兴媒体发展规律，强化互联网思维和一体化发展理念，切实利用好鲁班纪念场馆、鲁班工艺器具、民间文学、民俗活动、鲁班冠名类

---

❶ 环球网. 习近平绘就媒体融合发展路线图［EB/OL］.（2019-01-28）［2023-10-22］. https://baijiahao.baidu.com/s?id=1623860650883188431.

等资源，进一步加强网络传播手段的建设和创新，积极发展网站、微博、微信、电子阅报栏、手机报、网络电视等各类新媒体，扎实做好鲁班故里等县级融媒体中心建设，积极发展各种互动式、服务式、体验式传统文化信息服务，实现传统文化传播的全方位全员覆盖、全天候延伸、多领域拓展，推动"报、网、端、微、屏"等各种媒介资源、生产要素有效整合，推动信息内容、技术应用、平台终端、人才队伍共享融通，推动鲁班文化资源直接进入各类用户终端，真正成为运用现代传媒新手段新方法传播鲁班文化的行家里手。

8.1.2　注重新旧媒体融合

2014 年 8 月 18 日，十八届中央全面深化改革领导小组第四次会议审议通过了《关于推动传统媒体和新兴媒体融合发展的指导意见》，为媒体融合发展进行了顶层设计。习近平在此次会议上强调，要坚持以先进技术为支撑、内容建设为根本，推动传统媒体和新兴媒体在内容、渠道、平台、经营、管理等方面的深度融合。❶要坚持一体化发展方向，通过流程优化、平台再造，实现各种媒介资源、生产要素有效整合，实现信息内容、技术应用、平台终端、管理手段共融互通，催化融合质变，放大一体效能，打造一批具有强大影响力、竞争力的新型主流媒体。要坚持移动优先策略，让主流媒体借助移动传播，牢牢占据舆论引导、思想引领、文化传承、服务人民的传播制高点。要探索将人工智能运用在新闻采集、生产、分发、接收、反馈中，全面提高舆论引导能力。要统

---

❶　环球网．习近平绘就媒体融合发展路线图［EB/OL］．（2019-01-28）［2023-10-22］．
https://baijiahao.baidu.com/s?id=1623860650883188431.

筹处理好传统媒体和新兴媒体、中央媒体和地方媒体、主流媒体和商业平台、大众化媒体和专业性媒体的关系，形成资源集约、结构合理、差异发展、协同高效的全媒体传播体系。❶因此，在鲁班文化传播过程中，对于虚拟现实、人工智能、元宇宙等新兴信息技术应敞开拥抱，用主动的态度学习、使用各种媒体工具和媒体平台；应乐于在不同媒体上捕捉信息、组织信息、创造信息和传播信息，应以先进的信息技术为支撑，加强鲁班文化内容价值链和基础设施链建设，促进鲁班文化向更广泛的时空领域传播发展。

8.2 统筹推进鲁班文化全媒体传播

8.2.1 开展顶层设计

中共中央政治局在人民日报社就全媒体时代和媒体融合发展举行第十二次集体学习时，习近平总书记强调，构建全媒体传播格局，要抓紧做好顶层设计，打造新型传播平台，建成新型主流媒体，扩大主流价值的影响力版图。❷

在鲁班文化传播中，要深入挖掘地方特色鲁班文化资源，坚持"需求导向、分工合作、共建共享"的原则，由山东省文化和旅游厅统筹规划，协调滕州市、曲阜市等鲁班文化资源胜地，合理规划推进鲁班文化信息

---

❶ 习近平绘就媒体融合发展路线图［EB/OL］.（2019-01-27）［2023-10-22］. https://www.ccps.gov.cn/zl/qmtsdhmtrhfz/201901/t20190127_128937.shtml.

❷ 习近平. 加快推动媒体融合发展 构建全媒体传播格局［J］. 求是，2019(06)：3-8.

资源共享工程、鲁班纪念馆舍数字化建设工程、鲁班文化新媒体推广应用等工程，充分利用不同民族、不同地域特色的鲁班文化资源，建成体现鲁班创新精神，且艺术性、观赏性兼备的地方特色数字文化资源。在网络资源建设上开放接口、兼容互用，在资源建设上明确分工、突出特色，使各工程互为支撑、形成合力，整体提升服务效能。在规划设计过程中，应广泛开展调研分析，针对崇尚发明创新和工匠精神传播的社会需求，适应移动化传播趋势，开发更适合移动终端传播的应用和内容。例如结合儿童、少年、大学生等群体等创新能力训练需求，运用鲁班纪念场馆、鲁班网站等文化资源，建立鲁班创新研学训练营，开发鲁班锁、鲁班堤等盲盒和数字藏品，弘扬和传承鲁班精神。

8.2.2 加强与社会力量合作

2021 年 3 月，文化和旅游部发布《关于推动公共文化服务高质量发展的意见》，明确提出，要深化公共文化服务体制机制改革，创新管理方式，扩大社会参与，形成开放多元、充满活力的公共文化服务供给体系；鼓励与企业合作，探索有声图书馆、文化馆互动体验等新型文化服务方式。❶因此，在鲁班文化传播过程中，鲁班文化管理相关机构应结合工匠精神传播的社会需求，积极搭建社会力量参与平台，拓宽参与渠道，推广政府与社会资本合作模式，鼓励和引导社会力量进入鲁班文化云服务领域，激发鲁班文化全媒体传播活力。要完善社会力量参与鲁班文化

---

❶ 文化和旅游部国家发展改革委财政部关于推动公共文化服务高质量发展的意见［EB/OL］.（2021-03-23）［2023-10-23］. http://zwgk.mct.gov.cn/zfxxgkml/ggfw/202103/t20210323_923230.html.

网络平台开发、数字资源建设、网络服务推广等方面的工作机制，推动具备资质、符合条件的文化企业、社会机构与公共文化机构开展公平竞争，形成以政府为主导、社会力量广泛参与的鲁班文化数字化建设格局。要鼓励公共文化单位、高等院校与高科技文化企业合作，根据公共数字文化服务建设的实际需要，共同开展关键技术攻关，创新鲁班文化全媒体传播的技术路径，推动鲁班文化全媒体传播的可持续开展。

在传统媒体传播环境下，已有相关机构开发了多种形式的鲁班纪念品，传递鲁班工匠精神。2018年，中国人民银行开启"能工巧匠金银币"系列项目，在方寸之间以精工之美，体现工匠精神，传承匠艺匠心。5克金币背面图案为鲁班锁、鲁班堤，配以木工工具装饰图形等组合设计，并刻以"中国能工巧匠·鲁班"中文字样❶，是非常好的鲁班文化传播载体。2019年，中国邮政为纪念鲁班发行了特种邮票《鲁班》1套2枚、小型张1枚。❷邮票延续了中国历史文化先贤系列特种邮票的形式，对中华传奇工匠鲁班孜孜学艺、砥志研思的事迹进行宣传，弘扬了以鲁班为代表的中国古代工匠的创新精神与精益求精品质。小型张图案为鲁班像，刻画了鲁班手持墨斗，神情坚毅，不断钻研、追求极致的大国工匠形象，深受集邮爱好者和收藏家们的喜爱。

因此，鲁班纪念馆等文化场馆可以与中国人民银行、中国邮政、高校等开展合作，加强3D打印鲁班纪念品研发，让青少年们进一步体验鲁班文化与时代前沿科技结合的魅力，加深对工匠精神的理解和感悟。

---

❶ 泉友阁金币.方寸之间，弘扬"工匠精神"［EB/OL］.（2018-08-13）［2023-10-22］. https://www.sohu.com/a/246830164_758449.

❷ 中国邮政集团有限公司.《鲁班》特种邮票［EB/OL］.（2019-08-24）［2023-10-22］. http://www.chinapost.com.cn/html1/stamp/1908/4116-1.htm.

8.3 创新拓展鲁班文化 O2O 服务

要合理运用云计算、大数据、物联网等新一代信息技术，畅通鲁班文化全媒体传播渠道，创新服务模式，精准对接群众文化需求，提供多层次、多样化的数字文化服务，提升鲁班文化全媒体传播的针对性和实效性。具体来讲，主要可以从以下几方面进行。

8.3.1 建立文化需求反馈机制

依托各类鲁班文化服务平台，常态化征集鲁班文化需求信息，加强需求信息的整理、归纳和分析，合理利用大数据技术，精准识别鲁班文化需求，为开发鲁班文化全媒体传播内容提供支撑。以鲁班文创产品开发为例，可以以鲁班发明器具或鲁班奖获奖工程为依据，设计出具有鲁班文化特色的文化创意产品，根据设计创意，利用 3D 扫描打印、非同质化通证（NFT）等数字化手段，开发鲁班发明文创盲盒或数字藏品，提升鲁班文创产品的趣味性和收藏价值，并对相关文创产品的网络销售或收藏数据进行追踪和大数据分析，打造爆款鲁班文创产品。

8.3.2 畅通鲁班文化传播渠道

加强鲁班全媒体传播服务设备的开发与应用，实现鲁班数字文化服务全媒体、多终端覆盖，拓宽鲁班文化传播的时空范围，提高鲁班文化的传播效率。充分利用互联网、新媒体等手段，广泛传播鲁班数字文化资源，方便人们通过各类终端方便快捷地获取鲁班文化服务。通过线上线下各种渠道，加强对现代鲁班的宣传表彰，使"劳动光荣、技能宝贵、创造伟大"成为共同的价值认同。要加大对一线工人中优秀技能人才的宣传力度,使一线劳动者,尤其是各行各业的能工巧匠、技术能手获得应有的尊重,打通工匠人才晋升通道,健全高技能人才薪酬体系,提高技术工人待遇,使其获得与能力水平相匹配的社会地位和薪酬待遇。定期从施工现场一线技术岗位上评选出具备爱岗敬业、刻苦钻研、一丝不苟、精益求精、勇于创新、追求卓越等"工匠精神"的优秀高技能人才。

在线上,主要利用短视频、门户网站、微博等载体,对鲁班传说、鲁班故里、鲁班奖获奖工程、现代鲁班或大国工匠典型事迹等加以宣传,在更广泛的时空范围内,传播鲁班工匠精神,传播"做专、做精、做细、做实"的"匠气",从而提升各行业从业人员的职业素养和创新精神。

在线下,主要通过表彰、学习宣传等方式,授予优秀技术人员"建筑工匠""鲁班技工"等荣誉称号,并给予一定的物质奖励,要营造重视技能、尊重技能人才的社会氛围,传播新时代鲁班精神,提高一线技术人员对工匠精神、鲁班文化的认识,调动员工积极性,激发员工的创新能力,促进员工精益求精。2016年广东省总工会联合广东省委宣传部组织开展了"寻找身边的南粤工匠"学习宣传活动,评选出20名优秀工匠代表,召开"弘扬南粤工匠精神,践行核心价值观"座谈会。2023年1月,山东省总工会下发《关于公布首届"鲁班首席工匠"第五届"齐鲁大工匠""齐鲁工匠"的通知》,新增设"鲁班首席工匠"2名,分别为:全国劳动模范、"全国五一劳动奖章"获得者、齐鲁大工匠、山东临工设备动力部维修电工邱峰,"五一劳动奖章""全国劳动模范"获得者、中国重汽集团济南卡车股份有限公司维修钳工刁统武❶,大力

---

❶ 闪电新闻.2022齐鲁大工匠——首届鲁班首席工匠亮相[EB/OL].(2023-04-20)[2023-10-21].https://baijiahao.baidu.com/s?id=1763701719883851389&wfr=spider&for=pc.

弘扬传承鲁班工匠精神，着力培育新时代知识型、技能型、创新型劳动者大军。

8.3.3 加强鲁班文创产品开发

文创产品是指借助创意设计、文化元素和情感符号等手段，将文化、艺术、时尚、科技等元素融合在一起，打造具有独特魅力和文化价值的产品。在传统文化传播中，文创产品具有丰富文化表达形式、推动传统文化传承、增强文化认同感等重要价值。文创产品主要包括工艺品、图案印刷品、日用文具、玩具、动漫产品、礼品、数字藏品等。

目前，鲁班文化创意产品主要以益智玩具、动漫产品、工艺礼品为主，尤其以鲁班锁相关文创产品的表现较为亮眼。2014 年 10 月，时任总理李克强向德国总理默克尔赠送了一把精致的鲁班锁，该锁由三名天津中德职业技术学院的"90 后"学生制作，是在一台德国德玛吉牌机床上完成的。❶鲁班锁作为国礼，既彰显了我国的大国工匠精神，也充分证明鲁班文创产品开发具有广阔的市场和文化价值。2018 年 9 月，滕州鲁班天工木艺有限公司研发的"和而不同"鲁班锁，在外交部山东全球推介活动中，作为纪念礼品赠送给中外嘉宾。2019 年 10 月，鲁班天工木艺公司研发的云纹镶嵌檀木鲁班锁入选"建国 70 周年"礼品库，让"圣匠鲁班"再次荣获国礼品牌头衔。经过多年市场考验和历练，该公司生产的一个由 12 根木条组成的鲁班锁工艺品能卖几十元甚至上千元，最贵的紫檀木鲁班锁售价超过万元。目前，公司已经设计开发了以鲁班锁

---

❶ 孙丹．对话"鲁班锁"制造者：只知道是重要礼物，不知要送默克尔［EB/OL］．（2014—10—12）［2023—10—21］．https://www.thepaper.cn/newsDetail_forward_1270690.

为代表的8大类100余种"圣匠鲁班"文化品牌系列工艺品❶，获得国家专利近50项，现已引入智能化生产模式，采用机器进行机械化生产零部件，同时保留木雕等部分手工技艺，实现了制作工艺的传承与创新，让鲁班锁的生产走上大规模产业化发展的道路❷，不仅传承了鲁班千年智慧，也传播了鲁班文化的精髓，弘扬了"开拓创新、精益求精"的工匠精神，成为鲁班文化创意产品的重要品牌之一。

虽然部分机构研发了鲁班锁相关文创产品，但是，相比丰富的鲁班文化资源而言，鲁班文创产品还有待于进一步丰富，尤其是相关工艺品、图案印刷品、数字藏品。因此，在鲁班文化传播过程中，要鼓励相关文化场馆和企业深入挖掘鲁班文化的价值内涵和文化元素，加强3D打印、数控技术等现代科技在数字文化创意产品开发设计中的应用，积极开发设计集艺术性和实用性相统一、适应现代生活需求的鲁班文化创意产品，进一步培育推动鲁班锁、鲁班尺等鲁班文化产品和服务的数字化网络化传播。要借助鲁班文创产品的独特魅力和文化价值，增强群众的鲁班文化体验感，提升鲁班文化创意产品的附加值，让更多的人了解和喜爱鲁班文化。

8.4 加强鲁班文化全媒体资源建设

加强鲁班文化全媒体资源建设，是开展鲁班文化全媒体传播的基础，具体可以从以下方面开展。

---

❶ 滕州鲁班天工木艺公司淘宝店铺［EB/OL］.（2020-11-11）［2023-10-21］. https://shop145389848.taobao.com/?spm=a1z10.1-c-s.0.0.22584a8cWmeiN6.

❷ 尼山世界儒学中心.文化"两创"看山东：古老又年轻的鲁班锁，正走向世界舞台［EB/OL］.（2022-09-07）［2023-10-21］. https://m.thepaper.cn/baijiahao_19798256.

8.4.1 建设一站式鲁班文化网络服务平台

结合"宽带中国""智慧城市"等国家重大信息工程，依托国家公共数字文化工程服务平台，按照《关于推进实施国家文化数字化战略的意见》要求❶，建设一站式的鲁班文化网络服务平台，统筹整合和揭示各类鲁班文化数字化资源，实现共建共享，提供一站式、集成式、多媒体覆盖的鲁班文化数字化服务，提升鲁班文化服务的数字化、网络化、智能化水平。

在鲁班文化网络服务平台建设过程中，可以参照云上湖南非遗馆建设经验，将鲁班文化相关的"匠人""匠品""匠艺"在平台上进行数字化传播，使鲁班工匠精神得以更广泛传播。云上湖南非遗馆由湖南省文化和旅游厅深入挖掘整合湖南省非遗资源建设而成，依托湖南非物质文化遗产官网构建了"一网·一馆·一商城"网上立体空间（http://www.hunanfeiyi.cn/），形成了"非遗展示＋云上推介＋电商平台＋精准扶贫"模式，为湖南非遗保护传承发展创造了新动能。❷云上湖南非遗馆将线下展会送达云端，通过 PC 端、移动 WAP 端、微信端 3 大端口提供进馆参观体验，成功打造 24 小时在线、365 天忠实守候的网络立体文化空间；展馆以"匠"为轴，布设"匠品之术""匠人之本""匠心之道"三大展区，汇集 71 项非遗、61 位代表性传承人、5 所研培院校和 4 个生产性保护基地，通过文字图片、音频视频，全方位、多角度诠释着传统手

---

❶　中共中央办公厅 国务院办公厅印发《关于推进实施国家文化数字化战略的意见》［EB/OL］.（2022-06-15）［2023-10-12］. http://www.anshun.gov.cn/zwgk/zdlyxx/dsjcyfz/202206/t20220615_74935129.html?isMobile=true.

❷　云上湖南非遗馆展会概况［EB/OL］.（2021-01-10）［2023-10-12］. http://vr.hunanfeiyi.cn/index.html.

工艺的独特魅力。云上非遗馆设置卡通解说和云上导览地图，传递了穿越古今领略湖湘大地的非遗之美，也为湖南非遗技艺创新性发展打开了新天地。例如云上非遗馆中展示的国家级非遗项目"侗族织锦织造技艺"，通过引入电商渠道、参加国际展览、组织设计竞赛、建立创新平台、打造数字博物馆、建设传承基地等举措，不仅重构再现侗锦手工艺的艺术表达方式，还逐步建立了基于本土社区、面向国际舞台的设计与社会创新联盟。项目所支持的侗锦非遗传人粟田梅牵头成立"梭说"文创品牌与粟田梅侗锦合作社，通过"红色文旅＋民俗体验＋四季采摘＋非遗传承"的融合发展模式激活了社区内生动力，实现3000余名织娘家门口就业，侗锦产业总产值超400余万元，充分体现了非遗"上云用数赋智"工程的效益，实现了侗锦非遗技艺创造性转化、创新性发展的目标。

8.4.2 加强鲁班文化数字资源库建设

与孔子、墨子等古代人物相比，鲁班文化研究的相关资源较少，不仅庞杂无序，而且较为分散。因此，加强鲁班文化资源库建设十分必要。鲁班文化资源库建设应面向研究人员、文化管理决策部门的需求，将涉及鲁班文化的各类资源进行标准化处理和集中存储，最终形成表现形式丰富多样、资源查询利用便捷的集成化平台。在该平台中，不仅应提供与鲁班文化资源相关的图书、论文、报纸、项目成果、图片素材、视频、虚拟场馆、百科知识等直接获取类资源，还应提供与鲁班文化相关的冠名企业黄页、鲁班研究名家、鲁班研究会议、鲁班文化微信公众号、鲁班文化校园活动、鲁班研究所、鲁班工艺传人、鲁班奖获奖工程、鲁班文化网站、鲁班学会协会等非直接获取类资源。对于直接获取类资源，可以直接在资源库内下载查看；对于非直接获取类资源，根据资源库提供的线索（如链接、账号、目录等），可到相应资源位置进行获取。

8.4.3 提高鲁班文化设施数字化水平

加强鲁班文化纪念场馆等文化设施的信息化设备配备，提升公共文化设施信息化水平，开展线上服务，提高鲁班文化服务的信息化、网络化水平。鼓励建立鲁班文化网络虚拟互动体验空间，充分运用人机交互、虚拟现实、增强现实、3D 打印、多点触控、投影融合等现代技术，设立交互式文化体验专区，增强鲁班文化服务的互动性和趣味性。

8.5 开展鲁班文化传承教育

近年来，中华优秀传统文化传承教育日益受到国家的重视。2017 年 1 月发布的《关于实施中华优秀传统文化传承发展工程的意见》指出，要将优秀传统文化传承贯穿国民教育始终，要"丰富拓展校园文化，推进戏曲、书法、高雅艺术、传统体育等进校园，实施中华经典诵读工程，开设中华文化公开课，抓好传统文化教育成果展示活动"。鲁班文化作为影响建筑、手工业等诸多行业的中华古代优秀工匠文化，也应积极响应国家号召，进一步加强文化传承教育。

具体而言，主要可以从以下方面进行。

8.5.1 加强中小学鲁班文化传承教育

鲁班发明锯子、鲁班拜师学艺、鲁班发明橹板的故事，对激励中小学学生热爱发明、勇于创新具有重要意义。当前，有关鲁班的故事主要体现在小学语文课本中，如人教版二年级语文上册"课文园地六"讲述了鲁班造锯的故事❶；苏教版小学语文一年级第二册课文《鲁班和橹板》讲述了鲁班受鸭子游泳的启示发明了橹板的故事，在历史、科学等科目教材中出现较少。建议相关部门围绕立德树人根本任务，按照一体化、分学段、有序推进的原则，以幼儿、小学、中学教材为重点，将中华优秀传统文化全方位融入思想道德教育、文化知识教育、艺术体育教育、社会实践教育等环节，进一步倡导工匠精神和创新文化，修订中小学语文、历史、科学等课程教材。

实施鲁班文化新媒体传播工程，开展"少年发明创新"系列教育活动，综合运用微信公众号、微博、短视频、小程序等各类载体，推动鲁班系列绘本、动漫、短视频等进校园。充分发挥鲁班文化馆、鲁班纪念馆等公共文化机构的作用，组织学生参与鲁班文化社会实践活动，加强鲁班先师诞辰纪念活动、鲁班文化节等活动的组织宣传，让学生在参与中亲身感受鲁班文化的魅力，加强对鲁班文化的认可和传承。2022年10月27—28日，广州市海伦堡学校举办2022年"传承鲁班文化·弘扬工匠精神"中小学生劳动课程主题活动，开设鲁班课堂，让学生们组队自己动手搭建木屋，亲身实践微模木屋建造，旨在推动鲁班文化、工匠精神进校园，让鲁班文化走进生活，走进校园，促进学生"劳动实践、人文底蕴、科学精神、实践创新"核心素养的形成，通过真实情境中的深度学习，引导学生继承鲁班之志、传递鲁班之慧、运用鲁班之能，勤学苦练、奋斗拼搏，争做新时代的大国工匠，在奋斗中实现自己的价值。❷

---

❶ 连云港教育.中小学语文示范经典诵读：部编教材二年级语文上册《课文园地六·鲁班造锯》［EB/OL］.（2019-08-31）［2023-10-11］. https://mp.weixin.qq.com.

❷ 广州市增城区海伦堡学校传承鲁班文化弘扬工匠精神［EB/OL］.（2022-10-28）［2023-10-11］. http://gzzchlb.com/nd.jsp?id=496.

8.5.2 加强建筑类院校鲁班文化传承教育

鲁班被称作建筑业祖师，是建筑人的精神谱系灵魂所在。建筑类院校作为培养建筑业人才的重要摇篮，传承鲁班工匠精神，开展鲁班文化教育，是顺理成章、水到渠成的事情。建筑类院校应将鲁班文化教育纳入建筑类院校的课程设置，可以通过开设专门的鲁班文化课程，或者在已有的课程中增加鲁班文化的相关内容，让学生系统地了解和学习鲁班的工匠精神和创新意识，要充分利用现代科技手段，通过多媒体教学、网络课程等方式，加强课程思政教育，让学生更加直观地了解和学习鲁班文化。例如，在建筑设计中注重体现鲁班工匠精神和创新思维的课程内容。此外，还应在实践教学中进一步融入鲁班文化元素，结合学院专业设置情况和人才培养的技能需求，举办丰富多彩的鲁班文化主题活动，如鲁班文化讲座、鲁班文化展览、鲁班文化创意设计比赛等，让学生在参与中深入了解和体验鲁班文化，从而促进建筑行业的持续发展和创新。

8.5.3 加强鲁班冠名类企业鲁班文化传承

鲁班冠名类企业以崇尚鲁班文化而获得更高的品牌曝光度和更好的市场信任，其对鲁班文化的传承既必要又必然。鲁班冠名类企业可以采取以下措施加强鲁班文化的传承。首先，深入了解和学习鲁班文化，尤其是企业领导要带领员工深入了解和学习鲁班文化的核心价值和精神，以便在工作中更好地传承和体现鲁班文化的精髓。其次，可以在企业内部设立专门的鲁班文化传承机构，负责鲁班文化的传承和推广，组织鲁班文化活动、开设鲁班文化课程、编写鲁班文化教材等。再次，要对企业员工进行鲁班文化培训，让员工了解和学习鲁班文化的核心价值和精神,并将其融入日常工作,在企业内部形成良好的鲁班文化氛围。最后,要将鲁班文化融入企业品牌建设,在产品设计、研发等环节中注重体现鲁班的工匠精神和创新思维,从而提升企业品牌形象和价值。另外,可以建立鲁班文化传承激励机制,鼓励员工学习和传承鲁班文化,参加鲁班冠名类技能比赛,设立鲁班文化优秀员工奖、鲁班文化创新奖等,以激励员工更好地传承和发扬鲁班文化,加强鲁班文化传承,让企业在传承和发扬鲁班文化的同时,提升品牌形象和价值,实现可持续发展。

8.6 科学监管治理鲁班文化网络内容生态

加强鲁班文化全媒体建设,提高鲁班文化网络传播的规范化水平,主要可以从以下方面进行。

8.6.1 加强鲁班文化传播内容监管

为了坚持正确的舆论导向,积极传播正能量,营造良好的鲁班文化网络内容生态,应由相关机构定期审查监管网络上的鲁班文化资源内容,"取其精华,去其糟粕"。按照"谁提供、谁负责"的原则,由各级公共文化机构履行内容审核的主体责任,坚持以传播社会主义核心价值观为首要标准,加强对鲁班文化传播内容的审核,确保资源内容符合社会主义先进文化发展方向。

鲁班文化全媒体传播应以宣传优秀的传统民族文化为导向,多宣扬鲁班勤奋学艺、发明民用器具的传说故事,继续将鲁班塑造成为创新发明的智慧使者,而非暗器祖师。相关部门可以建立鲁班文化负面网络舆情监管系统,通过对互联网上的鲁班信息的海量自动抓取、自动分类聚类、主题检测、专题聚焦，实现网络舆情监测和新闻专题追踪等信息需求，从而形成简报、报告、图表等分析结果，为做出正确舆论引导提供分析依据。作为鲁班文化的重要传播者，鲁班研究会成员应进一步推动《鲁班经》等典籍的数字化，打造鲁班文化数字资源精品。同时，有必要运用舆情监控软件，密切关注网络鲁班文化的发展，控制消极或不良相关内容的传播。

8.6.2 强化鲁班文化资源网络安全管理

加强鲁班文化传播渠道的管理，建立安全风险防范机制，保证服务内容向上向善，把符合基层群众文化需求、富有地方特色的鲁班文化数字化资源及时传递给人民群众。加大鲁班文化数字化资源的知识产权保护力度。定期开展鲁班文化网络平台建设的安全检查工作，提高网络安全防护能力，保障网络系统、信息内容、传播渠道和用户数据的安全。建立和完善鲁班文化资源建设、系统开发、服务提供、数据开放等方面的鲁班文化传播标准规范体系，促进数据、资源和服务在互联网环境下的开放利用。

鲁班文化全媒体传播应遵循全息、全员、全程、全效传播原则，从线上、线下两个维度，融合开展鲁班文化全媒体传播渠道构建。

第 9 章

结论与展望

我国传统文化产业已经进入以数字化、网络化、智能化为先导的全新发展阶段，要以新技术为基础、以新业态为引领、以新思路加以应对。传统文化传承只有与新媒体进一步融合，才能展现出生生不息的文化魅力。

鲁班文化作为中华古代工匠文化，全媒体传播是其顺应互联网时代的发展方向。本书以"互联网+"、文化数字化、文化遗产保护等理论为指导，在梳理传统文化全媒体传播理论的基础上，对鲁班文化的传播现状、挑战及机遇，鲁班文化全媒体传播的技术路径、传播渠道、保障机制等问题开展研究。

9.1 主要结论

主要得出了以下结论：

（1）鲁班工匠精神全媒体传播是未来鲁班文化传播工作的重点。传统文化全媒体传播是近年来传统文化领域的研究热点。在国家大力弘扬工匠精神，倡导构建全媒体传播格局的环境下，5G、云计算、物联网、人工智能、VR 等技术，将为鲁班文化全媒体传播提供技术支持，助力拓展鲁班文化的传播范围，丰富鲁班文化的传播手段，拓展鲁班文化的传播渠道。

（2）承载工匠精神的鲁班文化资源丰富多样。鲁班文化资源类型多样，不仅包含物质文化遗产，还包括丰富的非物质文化遗产，鲁班传说、鲁班纪念场馆、鲁班发明、鲁班工艺、鲁班民俗等资源，是鲁班工匠精神的传播载体，这些非文献型文化资源的跨时空传播，亟待充分利用新一代网络信息技术，优化其传播路径和效果。

（3）全媒体时代鲁班文化传播要以弘扬工匠精神为核心，以新一代信息技术为支撑，以创新管理为保障。具体而言，可以采用以下传播路径：利用鲁班文化服务云平台连接线上线下，利用 5G 网络直播丰富传播形式，利用 VR 技术增强用户体验，利用 3D 扫描打印增强传播效益，利用 AI 技术提升传播效率，以元宇宙技术拓展传播效果。

（4）鲁班文化全媒体传播应遵循全息、全员、全程、全效的传播原则，从线上、线下两个维度，融合开展鲁班文化全媒体传播渠道构建。线下可以通过增添触摸查询一体机、开设实景智能导览服务、增设展馆智能机器人服务等方式拓宽传播渠道；线上可以通过完善鲁班文化门户网站、搭建优化鲁班文化网络社区、丰富鲁班文化网络视频、官方搭建鲁班文化传播的"两微一端"、监管优化鲁班网络形象、搭建鲁班文化智慧旅游小程序等方式，优化鲁班文化的传播渠道。

（5）鲁班文化全媒体传播要在保障机制的支撑下才能合理运行。具体包括树立鲁班文化全媒体传播意识、政府统筹推进鲁班文化全媒体传播、创新拓展鲁班文化 O2O 服务、加强鲁班文化全媒体资源建设、开展鲁班文化传承教育、科学监管治理鲁班文化网络内容生态等方面。

9.2 研究展望

尽管本书对鲁班文化全媒体传播进行了较为系统的研究，但是由于新时代新一代信息技术处于不断发展之中，基于新兴信息技术的传统文化全媒体传播还处于探索阶段，因此，本书还存在一些不足，如对有的技术领域前沿跟踪不够及时，对如何利用大数据、区块链等技术的研究不足，对相关信息技术在鲁班文化全媒体传播中应用的难度估计不足等，在后续的研究中将进一步探索。

主要参考文献

［1］艾瑞咨询.中国数字藏品行业研究报告［EB/OL］.（2022-09-21）
　　［2023-10-23］.https://pdf.dfcfw.com/pdf/H3_AP2022092115785
　　72606_1.pdf?1663793774000.pdf.

［2］彪春静，张帅，陶庆华."互联网+"时代智能机器人在博物馆旅
　　游中的应用研究［J］.旅游纵览（下半月），2019（12）：26-27.

［3］曹兴琴，马勇.从"鲁班文化"看现代中国工匠精神的培育［J］.
　　苏州市职业大学学报，2016，27（04）：65-68.

［4］曹休宁.文化与科技融合的路径及其经济效应研究［J］.管理观察，
　　2016（22）：59-61.

［5］常凌翀.互联网助推文化产业融合发展［J］.北方民族大学学报（哲
　　学社会科学版），2014（02）：96-101.

［6］陈斯.AI作画领域被引爆，数字媒体如何丰富人类视听体验?［EB/
　　OL］.（2023-04-09）［2023-10-25］.https://baijiahao.baidu.
　　com/s?id=1762652719404630680&wfr=spider&for=pc.

［7］陈霞，倪光夏.互联网+背景下的实验针灸学教学改革［J］.中
　　国中医药现代远程教育，2017，15（20）：37-39.

［8］创易趋势.百度启动"AI文化遗产复原计划"［EB/OL］.（2018-
　　03-12）［2023-10-25］.https://baijiahao.baidu.com/s?id=15943
　　60715582367600&wfr=spider&for=pc.

［9］汽车与科技．百度携手中青报：手艺人公益项目启动，面向全国大学生招募志愿者［EB/OL］．（2018-08-10）［2023-10-21］．https://www.sohu.com/a/246180070_248444.

［10］迟亦然．鲁班文化创意产业园室内外景观规划设计［D］．济南：齐鲁工业大学，2015.

［11］邓配．互联网+社区生态再升级 服务质量与监管短板待补［N］．通信信息报，2015-09-09（A13）．

［12］董晓萍．大工匠神鲁班故事新论——从跨文化民间叙事学的角度切入［J］．西北民族研究，2019（03）：128-151.

［13］封面新闻．《中国网络视听发展研究报告（2023）》［EB/OL］．（2023-03-29）［2023-10-22］．https://baijiahao.baidu.com/s?id=1761703240225445200&wfr=spider&for=pc.

［14］甘元，谢春．全媒体时代非物质文化遗产的传播及其学理思考［J］．中国文艺评论，2021（05）：89-94.

［15］谷道宗，王光炎．鲁班文化与工匠精神［M］．北京：清华大学出版社，2021.08：21-41.

［16］郭正奕．基于VR/AR技术的中华传统文化传播研究［J］．文化创新比较研究，2021，5（32）：50-53.

［17］郭颜凤．鲁班文化与高职专业教育协同育人的实践研究［J］．快乐阅读，2022（12）：55-57.

［18］韩金仓，侯振兴主编．大学信息技术学习指导与实验［M］．北京：清华大学出版社，2014：193.

［19］何蕾，何剑．媒介里的"歌师傅"——桂柳山歌传承方式变迁的人类学考察［J］．文教资料，2021（17）：32-36.

［20］何卓颖．智媒时代短视频对中国传统艺术文化的传播探究［J］．

新闻世界，2020（06）：71-74.

［21］侯延香，韩云忠，裴方晓. 鲁班工匠文化传播的数字化路径［J］.
城市建筑，2020，17（27）：80-81，116.

［22］侯延香，王霞. 智慧互联环境下鲁班文化资源数字化传承研究［J］.
人文天下，2015（09）：37-43.

［23］华扬联众. 当中国传统文化遇到元宇宙［EB/OL］.（2022-09-29）
［2023-10-22］. https：//new.qq.com/rain/a/20220929A03CT200.

［24］级索镇研究室. 鲁班锁荣获"非物质文化遗产"称号［EB/OL］.
（2014-06-11）［2023-10-22］. http：//info.tengzhou.gov.cn/
tzszfgkml/newsy/zjd/201406/t20140611_2663320.htm.

［25］金台资讯. 山东文旅数字场景化平台 VR 体验区亮相文博会 推动科
技与文旅融合再升级［EB/OL］.（2022-09-15）［2023-10-21］.
https：//baijiahao.baidu.com/s?id=1744031703633445466&wfr=spid
er&for=pc.

［26］姜艺萌. 故宫博物院文创产品开发现状研究［J］. 赤峰学院学报
（汉文哲学社会科学版），2023，44（04）：60-62.

［27］蒋肖斌. 虚拟人载中华文化，在元宇宙海出海［N］. 中国青年报，
［2022-11-28］（004）.

［28］雷雪. 5G 赋能传统文化影视节目的视听传播［J］. 声屏世界，
2023（07）：5-7.

［29］黎志东，张鹏. 渤海"鲁班工坊"天津职教国际化发展的创新之
举［J］. 中国职业技术教育，2016（16）：56-62.

［30］李丹丹. 互联网＋时代齐鲁文化的客户端传播［J］. 青年记者，
2017（05）：62-63.

［31］李国良，周向军. 鲁班工匠精神的现代传承［J］. 齐鲁师范学院

学报，2017，32（05）：7-13.

［32］李国江．鲁班文化传统内涵及现代价值［J］．人文天下，2017
（22）：22-26.

［33］李国庆．"鲁班奖"揭晓，谁将成为建筑产业智慧创新"头雁"？
［J］．智能建筑，2020，233（01）：4-5.

［34］李浩．非物质文化遗产旅游产品开发的电子商务模式研究［D］．
青岛：青岛大学，2016.

［35］李宏伟，别应龙．工匠精神的历史传承与当代培育［J］．自然辩
证法研究，2015，31（08）：54-59.

［36］李里丁．传承鲁班文化提升行业素质［N］．中国建设报，2016-
06-13（005）.

［37］李名梁，贺珍珍．"鲁班工坊"研究：内涵与发展路径［J］．
中国职业技术教育，2019（12）：30-34.

［38］李沛涵．人工智能参与传统文化传承的创新与挑战——以《中国
诗词大会》为例［J］．中国报业，2020（24）：24-25.

［39］李世武．从鲁班和姜太公神格的形成看传说和仪式的关系——以
民间工匠建房巫术为中心［J］．民族文学研究，2011（02）：
136-144.

［40］李政葳．构筑互联网时代文化新生态［EB/OL］．（2019-03-10）
［2023-10-22］．https：//baijiahao.baidu.com/s?id=1627599311
802248712&wfr=spider&for=pc.

［41］李自强．争做当代鲁班［J］．成人教育，1983（04）：42-43.

［42］刘桂华．全媒体环境下传统文化传播的创新型路径研究［J］．青
年记者，2020（08）：11-13.

［43］刘嘉．全媒体时代传统文化的传播创新［J］．传媒，2019，302

（09）：77-79.

［44］刘佳璇. 数字化助力"文博热"［EB/OL］.（2020-10-23）
　　　［2023-10-25］. https：//baijiahao.baidu.com/s?id=17722696945
　　　93156121&wfr=spider&for=pc.

［45］柳理，等. 中华传统文化传播热度大数据报告（2022）［EB/OL］.
　　　（2023-02-27）［2023-10-21］. https：//news.ifeng.com/
　　　c/8NkTy7jHLuI.

［46］刘珂. 西安非遗普查首现做斗工艺66岁木匠最后传人［EB/OL］.
　　　（2021-11-30）［2023-10-22］. http：//xian.qq.com/a/
　　　20121130/000133.htm.

［47］刘洋. 基于信息融合技术的大数据云存储技术探究［J］. 信息技
　　　术与信息化，2019（09）：228-229+232.

［48］刘一颖. 山东16市文化馆齐聚"山东公共文化云"［EB/OL］.
　　　（2023-07-27）［2023-10-21］. https：//baijiahao.baidu.com/
　　　s?id=1772568081661755922&wfr=spider&for=pc.

［49］龙联数字技术. AI大模型，与传统文化到底有什么关系？［EB/
　　　OL］.（2023-07-14）［2023-10-21］. https：//baijiahao.
　　　baidu.com/s?id=1771387142400480813&wfr=spider&for=pc.

［50］鲁渭. 中华传统文化传承与思政课程教学协同育人教育探索——
　　　评《鲁班文化与工匠精神》［J］. 皮革科学与工程，2022，32
　　　（01）：111.

［51］陆梅，黄传燕，李森等. 鲁班文化在文化创意产业中的应用研究
　　　［J］. 齐鲁师范学院学报，2020，35（05）：112-117.

［52］吕景泉. 服务"一带一路"，职业教育的新作为——"鲁班工坊"
　　　［J］. 天津职业院校联合学报，2018，20（01）：3-8.

［53］马思伟．全国公共文化发展中心发布《公共文化云建设项目"十四五"建设指南》［EB/OL］．（2022-03-14）［2023-09-15］．https：//www.mct.gov.cn/whzx/zsdw/qgggwhfzzx/202203/t20220314_931845.html.

［54］潘天波．《鲁班经》的匠俗文化及其批判［J］．艺术设计研究，2019（03）：85-90.

［55］齐鲁晚报网．5G加持非遗文化，为传承创新注入新活力［EB/OL］．（2023-04-28）［2023-11-15］．https：//baijiahao.baidu.com/s?id=1764407598241712005&wfr=spider&for=pc.

［56］祁连休．论我国各民族的鲁班传说［J］．民族文学研究.1984（02）：111-122.

［57］人民融媒体．数字技术助力传统文化"破圈"传播［EB/OL］．（2022-08-18）［2023-10-22］．https：//baijiahao.baidu.com/s?id=1741511642606765292&wfr=spider&for=pc.

［58］任永辉．用鲁班精神引领建设类高职院精神文化建设的实践［J］．现代职业教育，2016，（21）：5.

［59］芮福宏，于兰平．鲁班工坊［M］．北京：中国铁道出版社；2017：177.

［60］陕西旅游咨询．秦始皇帝陵博物院的"奇妙科技"［EB/OL］．（2017-01-20）［2023-10-23］．https：//www.sohu.com/a/124790128_348977.

［61］范佳．央视点赞！他用AI还原兵马俑和百年前的时装秀兵［EB/OL］．（2020-10-23）［2023-10-21］．https：//baijiahao.baidu.com/s?id=1681319291072493212&wfr=spider&for=pc.

［62］沈利民．鲁班文化：浙江建设职业技术学院校园文化品牌画册

［M］．北京：中国文联出版社，2016：72.

［63］石超．鲁班文化的历史原型研究——兼论其对新时代工匠精神弘扬之启示［J］．理论月刊，2021（04）：151-160.

［64］宋建武．如何建设全媒体传播体系？［EB/OL］．（2020-07-30）［2023-10-21］．http：//www.china.com.cn/opinion/think/2020-07/30/content_76330128.htm.

［65］孙中原．鲁班文化研究的意义：从《四库全书》看［J］．武汉科技大学学报（社会科学版），2011，13（01）：89-93.

［66］覃妩周．鲁班信仰研究［D］．武汉：中南民族大学，2010.

［67］汤宗礼．建筑人文教育实证研究［M］．上海：上海交通大学出版社，2015.

［68］唐衍军．国家审计人员工匠精神的内涵与文化滋养［J］．财会通讯，2018（01）：108-110，129.

［69］田华．鲁班传说研究［D］．湘潭：湘潭大学，2003.

［70］万啸．从细节做起——基于"鲁班文化"的职高德育管理策略［J］．课程教育研究，2014（18）：52-53.

［71］王玎．腾讯李航：推动技术与文博产业深度融合，助力文化传承与创新发展［EB/OL］．（2023-05-10）［2023-10-23］．https：//baijiahao.baidu.com/s?id=1776636179678325188&wfr.

［72］王斌，刘欣．鲁班文化育人的研究与实践——以山东城市建设职业学院为例［J］．中国市场，2016（25）：95-97.

［73］王朝华.互联网视域下齐鲁文化的传播［J］.青年记者，2018（05）：127-128.

［74］王崇杰．鲁班文化研究论丛（第一辑）［M］．济南：山东人民出版社，2015.

［75］王崇杰．鲁班文化研究论丛（第二辑）［M］．济南：山东人民
　　　出版社，2017．

［76］王井．浅谈 VR 技术与技工学校汽修专业的结合［J］．内燃机与
　　　配件，2019（19）：264-265．

［77］王丽．VR/AR 助力非遗文化教育传承路径探究——以传统医药为
　　　例［J］．传媒论坛，2022，5（02）：76-78．

［78］王丽媛．高职教育中培养学生工匠精神的必要性与可行性研究
　　　［J］．职教论坛，2014（22）：66-69．

［79］王立武，杨丁淼．"金饭碗"无人要 徽派木工技艺遭遇传承困境
　　　［EB/OL］．（2014-03-20）［2023-10-25］．http：//news.
　　　xinhuanet.com/local/2014-03/20/c_119870699.htm．

［80］王利中，魏顺庆．大力弘扬工匠精神［EB/OL］．（2017-08-07）
　　　［2019-05-06］．http：//theory.people.com.cn/n1/2017/0807/
　　　c40531-9452734.html．

［81］王璐．河南省联合百度发布"太极拳一张图"，科技赋能让非遗
　　　"活"起来［EB/OL］．（2022-12-17）［2023-10-21］．https：
　　　//hct.henan.gov.cn/2022/12-17/2659183.html．

［82］王胜永，彭潘．鲁班文化对生态设计的启迪［J］．现代园艺，
　　　2016（06）：115-116．

［83］王娴．敦煌文化的数字化传播研究［D］．南昌：江西财经大学，
　　　2021．

［84］王艳．论鲁班文化在现代工匠精神中的传承和弘扬［J］．齐齐哈
　　　尔大学学报（哲学社会科学版），2019（01）：43-45．

［85］文旅中国．最佳创新成果《只此青绿》：一场传统文化的创新浪
　　　潮［EB/OL］．（2022-12-26）［2023-10-21］．https：//

baijiahao.baidu.com/s?id=1753256621569153581.

［86］吴才唤．"云"相聚：让中华文化走进千家万户［EB/OL］．（2020-05-29）［2023-09-15］．https：//baijiahao.baidu.com/s?id=16680026741228038834&wfr=spider&for=pc.

［87］吴涛．弘扬工圣文化造就"大国工匠"［N］．建筑时报，2015-06-22（003）．

［88］吴涛．寻找工匠精神传承鲁班文化［J］．建筑，2016（13）：8-9.

［89］郗戈，张继栋．"互联网＋时代"文化传播交流的新特征与新问题［J］．北方论丛，2017（04）：37-41.

［90］夏泊洋，夏宁江．3D打印新技术推动传统古建文化传承［N］．科技日报，2021-09-15（004）．

［91］肖群忠，刘永春．工匠精神及其当代价值［J］．湖南社会科学，2015（06）：6-10.

［92］新浪财经．故宫六百年大展开启8小时沉浸式直播［EB/OL］．（2020-09-10）［2023-10-21］．https：//baijiahao.baidu.com/s?id=1677445171938604107.

［93］信网．中国网络视听大会十年：用精品讲好中国故事［EB/OL］．（2023-04-10）［2023-10-22］．https：//baijiahao.baidu.com/s?id=1761703240225445200&wfr=spider&for=pc.

［94］解学芳，陈思函．"5G+AI"技术群赋能数字文化产业：行业升维与高质量跃迁［J］．出版广角，2021（03）：21-25.

［95］熊威，张琴．鲁班传说与中华文化认同——以西南少数民族为例［J］．民族文学研究，2022，40（04）：61-68.

［96］熊小艳．鲁班文化工匠精神及其对新时期土建类高职双创人才培养作用研究［J］．中国多媒体与网络教学学报（中旬刊），2020

（01）：137–138.

［97］薛德祥. 立足"鲁班文化"的高职生"工匠精神"培育与实践

　　　［J］. 中国职业技术教育，2016（35）：93–95.

［98］炎黄子孙在线. 鲁班庙与鲁班文化的传承［EB/OL］. （2020-

　　　09-11）［2023-10-21］. https：//www.yhzszx.com/node/8100.

［99］严康.《鲁班经》的工匠营建民俗文化探析［J］. 装饰，2020

　　　（10）：110–114.

［100］颜凤池. 浅论弘扬鲁班文化的当代意义［J］. 才智，2015（07）：

　　　285–286.

［101］杨朝明. 阐发鲁班文化，倡导工匠精神［EB/OL］.（2023-03-21）

　　　［2023-10-11］. https：//baijiahao.baidu.com/s?id=176096583

　　　4069420875&wfr=spider&for=pc.

［102］姚宏宇，孙威. 谈技术发展推动融合媒体 2.0 时代演变［J］.

　　　数字通信世界，2021（09）：40–41.

［103］尹慧杨. 鲁班文化对中国传统造园理念的影响研究［D］. 济南：

　　　山东建筑大学，2016.

［104］殷春永，冯志军，李亚龙. 敦煌石窟引入系列尖端技术促保护

　　　和弘扬［EB/OL］.（2019-03-20）［2023-10-23］. https：

　　　//article.xuexi.cn/html/2459757060035312273.html.

［105］俞国林，王建. 数字人：用科技激活传统文化之美［EB/OL］.

　　　（2023-01-04）［2023-10-22］. https：//m.gmw.cn/b a i j i a/2023-

　　　01/04/36276450.html.

［106］于娇. 百度 2021 国潮搜索大数据［EB/OL］.（2021-05-10）

　　　［2023-10-23］. https：//baijiahao.baidu.com/s?id=169934292

　　　5480546990&wfr=spider&for=pc.

［107］喻欣彤，高瑗力. 数字藏品：传统文化对接元宇宙［J］. 东方收藏，2023（06）：129–131.

［108］曾雯琳，徐理，王成元. 新时代背景下土建类专业"1+5"鲁班文化育人模式研究［J］. 新余学院学报，2021，26（03）：114–118.

［109］翟培灿. 从曲阜鲁班庙历史看鲁班文化的传承发展［J］. 兰台内外，2023（14）：64–66.

［110］张代艳. VR新应用之电影：让历史文化"活"起来［EB/OL］.（2020-10-17）［2023-10-21］. http：//www.ncnews.com.cn/xwzx/ncxw/jrnc/202010/t20201017_1637288.html.

［111］张鸿谋. "互联网+"下传统文化"热"传播中的路径创新［J］. 中国记者，2017（01）：118–119.

［112］张建华. 走进枣庄学工匠精神［M］. 济南：山东人民出版社，2018.

［113］张龙，张澜. 从"行业技艺"到"群体记忆"——论纪实影像对工匠精神的传播与认同建构［J］. 中国电视，2017（10）：17–22.

［114］张前. 定格动画中3D打印技术的应用概述［J］. 艺术科技，2017，30（08）：109.

［115］张睿. "诗词大会"引发全民文化热［EB/OL］.（2022-03-10）［2023-10-25］. https：//www.xiancn.com/content/202203/10/content_6495735.htm.

［116］张伟，王厚兵. "三全育人"视域下"鲁班文化"品牌实践研究［J］. 科教导刊，2021（11）：10–13.

［117］郑悦. 鲁班文化主题体验馆的设计与研究［D］. 济南：山东建

筑大学，2017.

［118］中财资本. 人工智能如何影响文化产业？［EB/OL］.（2017-11-17）［2023-10-21］. https：//www.sohu.com/a/205003485_100002829.

［119］中国旅游报. 一图读懂2022非物质文化遗产消费创新报告［EB/OL］.（2022-10-28）［2023-10-23］. https：//baijiahao.baidu.com/s?id=1747940483895342662&wfr=spider&for=pc.

［120］中国建筑业协会. 创建鲁班奖工程细部做法指导［M］. 北京：中国建筑工业出版社，2018.

［121］中国政府网. 中共中央办公厅、国务院办公厅印发《关于推进实施国家文化数字化战略的意见》［EB/OL］.（2022-06-06）［2023-10-11］. https：//www.gov.cn/zhengce/2022-05/22/content_5691759.htm.

［122］中国政府网. 国务院办公厅印发《"十四五"文化发展规划》［EB/OL］.［2022-08-16］. https：//www.gov.cn/zhengce/2022-08/16/content_5705612.htm.

［123］中国政府网. 中共中央办公厅、国务院办公厅印发《关于加快推进媒体深度融合发展的意见》［EB/OL］.（2020-09-26）［2023-10-21］. http：//www.gov.cn/zhengce/2020-09/26/content_5547310.htm.

［124］中国政府网. 住房和城乡建设部等部门关于推动智能建造与建筑工业化协同发展的指导意见［EB/OL］.（2020-07-28）［2023-10-11］. https：//www.gov.cn/zhengce/zhengceku/2020-07/28/content_5530762.htm.

［125］中通服咨询设计研究院有限公司. 元宇宙技术全景白皮书（2022

年）［EB/OL］.（2022-06-16）［2023-10-22］. https：//www.
digitalelite.cn/h-nd-4493.html.

［126］周萌梦. 建设类高职院校精益文化育"鲁班匠心"特色校园文
化体系的建设与实践［J］. 中外企业文化，2022（05）：210-
212.

［127］周绮雯. 探析网络直播在真人图书馆的应用［J］. 兰台内外，
2019（20）：53-54.

［128］周荣庭. 全媒体传播体系建设的创新路径［EB/OL］.（2019-
12-31）［2023-10-21］. https：//www.xuexi.cn/lgpage/detail/
index.html?id=1829168912759169035.

［129］周怡安，曾欢. 鲁班精神融入高职学生BIM应用能力培养路径
研究［J］. 住宅与房地产，2021（19）：247-248.

附　录

鲁班工匠文化传播问卷调查

亲爱的朋友：

您好，为了解鲁班工匠文化传播情况，特开展本次调查，调查采用匿名方式，不涉及个人隐私，只用于科学研究，请您根据自己实际情况认真填写，万分感谢您的支持与配合！

1. 您对下列选项的熟悉程度（越熟悉分值越高）

	1	2	3	4	5
鲁班	○	○	○	○	○
工匠精神	○	○	○	○	○
鲁班工匠文化	○	○	○	○	○

2. 比较而言，您对下列哪些选项了解更多？（多选题）

☐ 鲁班工匠精神

☐ 鲁班生平

☐ 鲁班发明

☐ 鲁班经

☐ 鲁班文化场馆

☐ 鲁班工艺

☐ 鲁班传说

☐ 鲁班庙

☐ 鲁班相关游戏

☐ 其他

3. 您是通过什么渠道了解"工匠精神"的？（多选题）

☐ 纪录片《大国工匠》等

☐ 政府网站

☐ 手机新闻

☐ 学习强国

☐ 校园宣传

☐ 报纸

☐ 广播

☐ 图书

☐ 其他

4. 您认为鲁班的工匠精神主要体现在哪些方面？（多选题）

☐ 质量至上

☐ 精益求精

☐ 刻苦钻研

☐ 造福桑梓

☐ 爱岗敬业

☐ 技艺精湛

□ 开拓创新

□ 其他

5. 请选择下列内容传播的重要程度（越重要分值越高）

	1	2	3	4	5
鲁班传说	○	○	○	○	○
鲁班技艺（制卯、凿孔等）	○	○	○	○	○
鲁班民俗（建房民俗、庙会习俗等）	○	○	○	○	○
鲁班经	○	○	○	○	○
鲁班精神	○	○	○	○	○
鲁班发明器具	○	○	○	○	○
鲁班曲艺（如：鲁班造寺、班门教子等）	○	○	○	○	○

6. 您是通过什么渠道了解鲁班工匠文化的？（多选题）

□ 鲁班民间传说

□ 鲁班纪念场馆

□ 鲁班文化网站

□ 鲁班经等书籍

□ 鲁班科技文化节

□ 鲁班相关游戏

□ 鲁班相关动画片

□ 鲁班相关小说（如《鲁班的诅咒》）

□ 鲁班冠名公司

□ 鲁班奖相关活动

□ 其他

7. 您认为当前鲁班工匠文化传播中主要存在哪些问题？（多选题）

☐ 传播空间主要局限在鲁班故乡等有限范围内

☐ 传播内容以鲁班传说为主

☐ 以线下传播方式为主

☐ 传播效果一般

☐ 没有与弘扬工匠精神紧密结合

☐ 其他

8. 请选择您对加强鲁班工匠文化网络传播的看法

（越重要、越紧急分数越高）

	1	2	3	4	5
重要程度	○	○	○	○	○
紧急程度	○	○	○	○	○

9. 您认为当前该如何加强鲁班工匠文化传播？（多选题）

☐ 加强鲁班文化网站建设

☐ 建设鲁班文化场馆线上展厅

☐ 直播鲁班科技文化节等活动

☐ 行业协会传播鲁班工匠文化

☐ 利用微信公众号传播鲁班发明创造

☐ 短视频平台宣传鲁班墨子故事

☐ 利用网络传播鲁班曲艺

☐ 加强鲁班工艺数字化传承

☐ 学校思政课中宣传鲁班工匠文化

☐ 组织鲁班工匠精神主题学习活动

□ 宣传鲁班奖获奖工程

□ 其他

10. 您认为哪些机构应该承担鲁班工匠文化传播责任？（多选题）

□ 文化宣传部门

□ 中小学

□ 行业协会

□ 文化研究所

□ 鲁班冠名企业

□ 职业院校

□ 文化馆

□ 其他

11. 您感兴趣的鲁班工匠文化学习途径有（　　　　）？（多选题）

□ 鲁班工艺观摩学习

□ 观看视频

□ 社团文化活动

□ 知识竞赛

□ 体验民俗活动

□ 图书阅读

□ 网络游戏

□ 文化场馆参观

□ 网页浏览

□ 收听音频节目

□ 其他

12. 您的年龄是

○ 18 岁以下

○ 18–25 岁

○ 26–40 岁

○ 40–60 岁

○ 60 岁以上

13. 您目前从事的行业：

后　记

　　自从进入山东建筑大学工作以来，我与工匠祖师鲁班就结下了"不解之缘"。在校园图书馆里，静静矗立着鲁班祖师的雕像，他默默引领建筑学子"筑基建业 博学笃行"；校园火车餐厅附近，鲁班文化研究院安然静谧，来自各校的鲁班文化爱好者定期集聚，围绕鲁班祖师谈古论今……我倾听着没有一颗钉子的古代木建筑故事，感受着同事们对榫卯结构的赞叹，感慨着祖师的聪明才智和创新精神。

　　2012年5月，第九届国际墨子鲁班学术研讨会在北京人民大会堂隆重举办。山东建筑大学作为主要承办单位之一，面向校内教师征集鲁班文化研究成果，拙作有幸入选，自此开启了我的鲁班文化研究之路。一路走来，我不禁赞叹，原来鲁班引领着建筑、机械、手工业等诸多行业的发展，原来鲁班在建筑行业内一直是神匠一般的存在，原来鲁班发明的工艺器具早已写入学生的教材，原来鲁班精益求精、探索创新的精神一直是建筑类院校校园文化的灵魂……

　　作为一名从事信息管理专业教学的教师，第一次在鲁班纪念馆看到鲁班的诸多发明时，我既感到震撼又感到惋惜。震撼的是竟有那么多的器具出自鲁班祖师之手，惋惜的是鲁班纪念馆的很多珍贵文物仅能服务到馆的参观者。也正是从那一刻起，我有了将信息技术与鲁班文化融合研究的想法。十余年来，我多次参加鲁班文化研讨会，申请了鲁班文化资源库建设、鲁班研究文献知识图谱分析、鲁班工匠精神全媒体传播等研究项目。本书的出版，也是多年关注并参与鲁班文化研究的结晶。但身为非建筑专业人士，我对鲁班文化的理解可能尚存在偏颇之处，若有不当，请读者们不吝赐教！

感谢滕州市墨子鲁班文化研究会近年来提供的调研和学术交流机会，感谢山东建筑大学鲁班文化研究院领导们的支持和帮助，感谢书中援引的各类传统文化全媒体传播案例的实践者和传播者，是你们启发并激励着我不断前行。另外，对于文中引用的相关研究报告、参考文献的作者也一并表示感谢。愿你我薪火相传，让鲁班文化在新时代熠熠生辉，让鲁班工匠精神在新媒体的加持下与时俱进，历久弥新，跨出国门，跨越时空，传得更久更远！

侯延香

2023 年 6 月